Especialista en seguridad en internet. IFCM004PO

José Luis Villada Romero

ic editorial

Especialista en seguridad en internet. IFCM004PO
© José Luis Villada Romero

1ª Edición

© IC Editorial, 2025

Editado por: IC Editorial
c/ Cueva de Viera, 2, Local 3
Centro Negocios CADI
29200 Antequera (Málaga)
Teléfono: 952 70 60 04
Fax: 952 84 55 03
Correo electrónico: iceditorial@iceditorial.com
Internet: www.iceditorial.com

ISBN: 978-84-1184-546-5
Depósito Legal: MA 66-2025

Impresión: PODiPrint
Impreso en Andalucía – España

Nota de la editorial: IC Editorial pertenece a Innovación y Cualificación S. L.

Especialidad formativa

Se entiende por especialidad formativa la agrupación de contenidos, competencias profesionales y especificaciones técnicas que responde a un conjunto de actividades de trabajo enmarcadas en una fase del proceso de producción y con funciones afines.

Las especialidades formativas de Uso General, Formación Complementaria, Formación Modular y las especialidades formativas dirigidas a la obtención de certificados de profesionalidad se incluyen en el Fichero de Especialidades del Servicio Público de Empleo Estatal para su gestión en todo el territorio nacional por cualquier Administración competente.

Las especialidades complementarias, pertenecen todas a la Familia profesional de Formación Complementaria (FCO) y tienen la consideración de formación transversal en áreas que se consideran prioritarias tanto en el marco de la Estrategia Europea para el Empleo y del Sistema Nacional de Empleo como en las directrices establecidas por la Unión Europea. Se consideran áreas prioritarias las relativas a tecnologías de la información y la comunicación, la prevención de riesgos laborales, la sensibilización en medio ambiente, la promoción de la igualdad, la orientación profesional y aquellas otras que se establezcan por la Administración competente.

Las especialidades de Certificado de profesionalidad tienen una duración especificada en su normativa reguladora.

En el resultado de la búsqueda, se muestran las unidades de competencia, todos los módulos formativos con su duración y las unidades formativas del certificado correspondiente, con su duración. Las horas del certificado, exclusivo de las especialidades de certificado de profesionalidad, con alta igual o superior a 2008, son las horas totales más las horas del módulo de Prácticas Profesionales no Laborales.

➲ **Si la especialidad tiene unidades formativas,** las horas totales, presencial, distancia, teleformación serán igual a la suma de esas horas de las unidades formativas de los distintos módulos, sin que se repita ninguna Unidad formativa.

- ⮕ **Si la especialidad no tiene unidades formativas,** las horas totales, presencial, distancia, teleformación serán igual a las sumas de esas horas de los módulos formativos, eliminando las horas de los módulos repetidos.

https://sede.sepe.gob.es/especialidadesformativas/RXBuscadorEFRED/BusquedaEspecialidades.do

(Fuente: Servicio Público de Empleo Estatal)

Índice

Unidad de Aprendizaje 5
Firewall

OBJETIVOS GENERALES

El objetivo general del **Especialista en seguridad en internet. IFCM-004PO,** es el siguiente:

➲ Adquirir los conocimientos para instalar y configurar servidores de internet y correo electrónico garantizando la seguridad en el acceso a las redes.

➲ Aprender conceptos y procedimientos generales relacionados con aquellos agentes externos que amenazan la seguridad informática de una empresa.

➲ Conocer el origen y evolución de la herramienta que *Microsoft* pone a disposición del usuario para convertir un equipo en servidor web.

➲ Conocer el origen y evolución de la herramienta que *Microsoft* pone a disposición del usuario para convertir un equipo en servidor de correo electrónico.

➲ Aprender para qué se utilizan los *firewalls* y por qué son tan necesarios en las redes actuales.

Windows Server

Contenido

Objetivos

El objetivo general de esta Unidad de Aprendizaje es:

→ Aprender conceptos y procedimientos generales relacionados con aquellos agentes externos que amenazan la seguridad informática de una empresa.

El objetivo específico de esta Unidad de Aprendizaje es:

→ Conocer las características y capacidades principales que proporciona la familia de sistemas operativos de *Microsoft* para la optimización de los modelos de negocio actuales.

1. Introducción

El mercado evoluciona y pide a las organizaciones de TI que produzcan más con menos recursos. El problema es que una infraestructura obsoleta con un nivel de automatización bajo impide el avance natural del negocio. Por otro lado, cuando un negocio es atacado por causa de una infracción de seguridad, la repercusión en los medios es cada vez mayor y su reputación también se ve afectada, pero en sentido contrario. Y, por si fuera poco, los dirigentes empresariales necesitan que los desarrolladores creen aplicaciones y servicios funcionando tanto localmente como en computación distribuida.

¿Cuáles podrían ser las mejores medidas que puede adoptar el empresario para resolver todos estos problemas?

La respuesta es tener una infraestructura flexible, robusta y de calidad. *Windows Server* posee una familia de sistemas operativos para servidores que ofrecen capas de seguridad para las aplicaciones y la infraestructura necesaria para la optimización de cualquier modelo de negocio. Por ejemplo, *Windows Server* está equipado con tecnologías del centro de datos definido por *software* (SDDC) inspiradas en *Microsoft Azure*. *Windows Server* se ha diseñado para garantizar la seguridad y eficacia a nivel de *software*. Las organizaciones obtienen acceso a tecnologías que impulsan el desarrollo de aplicaciones actuales mediante el uso de contenedores y arquitecturas de microservicios.

En una prestigiosa empresa de España han nombrado a Antonio como director de tecnologías de la información. A partir de ahora, Antonio se encargará de aplicar sus conocimientos tecnológicos para la automatización de toda la infraestructura necesaria para la optimización de los recursos empresariales.

2. Características

 HILO CONDUCTOR

Antonio busca implantar una nueva arquitectura basada en servidores que se ajusten a las necesidades de la empresa. A continuación, va a realizar un pequeño estudio con todas las características que *Windows Server* ofrece para determinar si es viable para su cometido.

Windows Server es la familia de sistemas operativos de *Microsoft* destinados a controlar servidores de todo tipo; *Windows Server,* al igual que el sistema operativo de uso doméstico de *Microsoft,* ofrece una interfaz de usuario, a través de la cual configurar y administrar todas sus características y funcionalidades.

Windows Server

Versiones

La cantidad de versiones que existen de *Windows Server* puede confundir un poco al administrador de sistemas más experimentado. Aquí presentamos algunas de las versiones más famosas y recientes:

Server 2000
– Lanzado el 17 de febrero del año 2000 como *software* destinado a servicios web para su implementación en servidores.

Server 2003
– Mejora a su antecesor a nivel de seguridad; arranque con menos servicios; no utilizaba NetBIOS, sino DNS.

Continúa en página siguiente >>

<< Viene de página anterior

Server 2008
– Con similitudes a *Windows Vista,* ya que comparten ciertas áreas del código.

Server 2008 R
– Basado en mejoras de *Windows Server 2008,* es el primer SO de solo 64 bits que lanza *Microsoft*.

Server 2012
– Resultado de *Windows Server Developer Preview,* lanzada para captar suscriptores.

Small Business Server
– Sistema operativo para servidores orientado a pequeñas empresas.

Essential Business Server
– Sistema operativo similar a *Small Business Server* pero pensado para emprendimientos de tamaño medio.

Home Server
– Sistema operativo pensado para hogares, destinado a compartir documentos, copias de seguridad, etc.

Server 2016
– También denominado *Windows Server vNext.* Se añade las tecnologías de Nano Servidor, contenedores, arranque seguro de Linux y espacios de almacenamiento directo.

Server 2019
– Se basa en el anterior *Windows Server* e incluye numerosas innovaciones en cuatro temas claves: nube híbrida, seguridad, plataforma de aplicaciones e infraestructuras hiperconvergidas (HCI).

Continúa en página siguiente >>

<< Viene de página anterior

Server 2022
- *Windows Server* nunca había sido tan seguro. Esto viene con, por ejemplo, Protección de Firmware y Seguridad Basada en Virtualización.
- Además, se han realizado mejoras en la gestión de la nube y el almacenamiento.

 ## ACTIVIDAD COMPLEMETARIA

---

1. Realiza un listado de versiones de *Windows Server* indicando la característica principal o novedad con respecto a la anterior versión.

Microsoft presentó una nueva iteración de su sistema operativo, *Windows Server 2022,* en septiembre de dicho año. Desde entonces, múltiples fuentes y comunidades han especulado sobre las mejoras y las nuevas características que se esperan en *Windows Server 2025.* En esta ocasión, compartiremos todos los detalles al respecto.

Windows Server se promociona como el servidor más seguro, confiable y compatible con Azure que Microsoft ha lanzado en el siglo XXI. En un panorama donde las amenazas a la seguridad y los ciberataques son cada vez más frecuentes, se ha equipado a *Windows Server* con medidas de seguridad de primera clase. En las siguientes secciones, exploraremos en detalle estas características diseñadas para salvaguardar la integridad de los paquetes de datos, especialmente en entornos de clúster. Se trata de un enfoque integral que protege la infraestructura informática en su totalidad.

Windows Server tiene como objetivo asistir a organizaciones de todos los tamaños en la ejecución segura de sus cargas de trabajo, facilitar la integración de la nube híbrida y actualizar sus aplicaciones para cumplir con los rigurosos estándares de TI.

En un contexto donde la seguridad de los datos es fundamental, *Windows Server* se presenta como una solución crucial. Este sistema operativo incorpora funciones de seguridad avanzadas, que incluyen núcleos de servidor seguros, conectividad protegida y otras medidas, que se detallarán más adelante.

En cuanto a las diferentes versiones de *Windows Server,* según los recursos de Microsoft, se ofrecen cuatro ediciones principales:

Windows Server 2022 Standard
- Representa la versión base de *Windows Server 2022.* Con una licencia única de la edición Standard, se pueden ejecutar únicamente dos máquinas virtuales y un *host Hyper-V.* La opción de almacenamiento de réplicas está disponible mediante una asociación y un grupo de recursos con una capacidad de 2 terabytes. Sin embargo, ciertas funciones como la aplicación de parches en caliente, la red definida por *software* y el almacenamiento no están disponibles en esta versión estándar.

Windows Server 2022 Datacenter
- Incorpora características de élite que no se encuentran en la edición estándar, como las máquinas virtuales protegidas. Esta función asegura el *firmware* y los archivos de arranque de la máquina virtual, además de activar el cifrado de disco BitLocker. Dado que la protección y gestión de datos son esenciales para la infraestructura empresarial, Microsoft integra dos características clave: el almacenamiento definido por *software* y la replicación del almacenamiento con *Storage Spaces Direct.* La replicación de almacenamiento ofrece una replicación de datos a nivel de bloque sin pérdida de datos, incluso para archivos abiertos. Por otro lado, el almacenamiento definido por *software* con *Storage Spaces Direct* permite una gestión y escalabilidad óptimas, admitiendo hasta 16 servidores y hasta 1 petabyte de almacenamiento en clúster.

Windows Server 2022 Datacenter Edición-Azure
- Como su nombre indica, esta edición está diseñada específicamente para la plataforma *Microsoft Azure.* Ofrece características excepcionales que no están disponibles ni en la Edición Estándar ni en la Edición Datacenter. Por ejemplo, la función *Hot Patch* permite la instalación de actualizaciones sin necesidad de reiniciar el servidor, mientras que el bloqueo de mensajes del servidor a través de QUIC facilita el acceso a los archivos compartidos sin requerir una VPN a través de la red. *Windows Server 2022 Azure Edition* ejecuta máquinas virtuales en el sistema operativo *Azure Stack Hyper-Converged Infrastructure* (HCI), reconocido por su seguridad, rendimiento y nuevas características híbridas.

Continúa en página siguiente >>

<< Viene de página anterior

Windows Server 2022 Essentials
- Está diseñado para pequeñas organizaciones que admiten un máximo de 25 usuarios y 50 dispositivos. Aunque carece de características como un panel de control, copia de seguridad del cliente y acceso desde cualquier lugar, es adecuado para entornos de menor escala. Esta edición también admite procesadores con un máximo de 10 núcleos.

Azure	Hyper-V

https://redirectoronline.com/ifcm004po0105	*https://redirectoronline.com/ifcm004po0102*

2.1. Centro de datos definidos por *software*

El objetivo de *Microsoft* con el desarrollo de *Server* es **dar soporte** a la extensa demanda de los usuarios empresariales sobre mecanismos para que permita acceso a más y más información sin que se dispare el costo. Esto es debido a que, hoy en día, hay que responder a la velocidad de cambio de los negocios.

Por lo tanto, *Microsoft* desarrolla *Windows Server* para permitir centros de datos definidos por *software*. Y eso, como hemos dicho más arriba, supone un cambio en las estrategias de tecnología de virtualización y *Cloud Computing*.

Un centro de datos definido por *software* posee las siguientes **características:**

Mayor agilidad y aprovisionamiento rápido de aplicaciones	Aumento de la eficacia y reducción de costes	Alta disponibilidad y seguridad	Flexibilidad garantizada: nube pública, híbrida o privada

Microsoft implementa el concepto de SDDC utilizando la tecnología *Hyper-V* para proporcionar la plataforma de virtualización donde crear el almacenamiento y las redes. También proporciona **tecnologías de seguridad,** que intentan mitigar amenazas internas y externas.

Windows Server se ayuda de *PowerShell* y la incorporación de *System Center* y *Azure Monitor* para **programar** y **automatizar** el aprovisionamiento, la implementación, la configuración y la administración en el sistema operativo.

 PARA SABER MÁS

Puedes acceder a *System Center y Azure Monitor* a través de los siguientes enlaces:

System Center	Azure Monitor

https://redirectoronline.com/ifcm004po0103	*https://redirectoronline.com/ifcm004po0104*

Destacan dos características sobre el resto de forma bastante clara:

- **Mediante un único panel de administración.** Además, mantiene y mejora la virtualización de versiones anteriores, añadiendo características importantes como la migración de carga de trabajo en ejecución entre servidores, clonación de máquinas virtuales y seguridad mejorada con hyperthreading de CPU optimizado; Y manteniendo otras como Hyper V, conmutador virtual de Hyper V, dando un enfoque de gestión y ejecución hacia la "hyperconvergencia".
- **Protección frente a ciberataques.** La nueva característica "tecnología de núcleo segura" añade tecnologías de seguridad de varias capas, tanto a nivel de *software* como a nivel de *hardware*.

El conjunto de tecnologías para dar soporte al centro de datos definido por *software* de *Microsoft* se puede dividir en tres grandes grupos:

Proceso
- Actualización gradual del sistema operativo de un *cluster*.
- Cargas de trabajo de Linux y *FreeBSD*.
- Agregar y quitar discos, memorias y redes en caliente.
- GPU virtuales de *RemoteFX* para RDS.
- Herramientas de administración del servidor.
- Opción de instalación de *Nano Server*.
- Equilibrio de carga de MV.

Redes
- Controladora de red.
- Microsegmentación.
- Equilibrador de carga de *software*.

Almacenamiento
- Espacios de almacenamiento directo.
- Calidad de servicio del almacenamiento.
- Desduplicación de datos.
- Réplica de almacenamiento.
- Supervisión del estado de mantenimiento del almacenamiento.
- Compatibilidad de dispositivos NVMe de alto rendimiento.
- Memoria persistente para un rendimiento máximo de la aplicación.
- Escalado del servidor de archivos.
- Resistencia de almacenamiento de máquinas virtuales.

 **DEFINICIÓN**

Hyper-V

Es una tecnología de virtualización basada en el hipervisor para *Windows.* El hipervisor es fundamental para la virtualización. Se trata de la plataforma de virtualización específica de procesador que permite que varios sistemas operativos aislados compartan una misma plataforma de *hardware.*

Hyperconvergencia

Una arquitectura que implementa la hyperconvergencia se caracteriza por un diseño basado en *software.* En este diseño los componentes básicos se combinan para producir computación, almacenamiento y redes a través de nodos que son definidos virtualmente para tales funciones. De esta forma, todo funciona como un centro de datos de altas prestaciones.

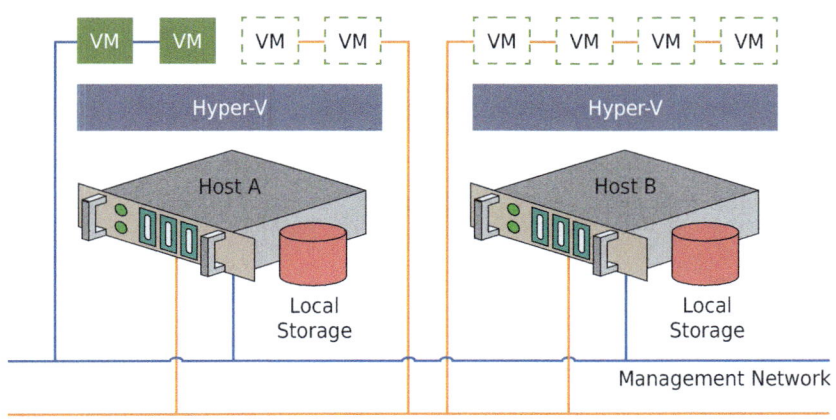

Ejemplo de arquitectura Hyper-V

En un centro de datos definido por *software,* todas las funciones de red que realizan normalmente los dispositivos de *hardware* son implementadas por *software* definiendo dispositivos virtuales para tales fines. Estas funciones involucran el equilibrio de carga, *firewall, routers* y conmutadores.

A nivel de *software,* los dispositivos virtuales son **dinámicos** y **fáciles de administrar,** eliminándolos o modificándolos, ya que se trata de máquinas virtuales personalizadas y preconfiguradas. Por otro lado, la virtualización de servidores evoluciona para alcanzar la virtualización de la red y de los dispositivos virtuales emergentes en el nuevo mercado.

Pero todo este mecanismo de virtualización requiere de un centro de mandos o control principal. *Windows Server* pone a disposición del administrador la **controladora de red.** Esta ofrece, entre muchas tareas distintas, un **punto central de automatización** para administrar, configurar y supervisar toda la infraestructura de red virtual y física, eliminando manualmente la configuración de antaño.

Arquitectura *Hyper-V* con controladora de red

2.2. *Firewall* de centro de datos

Los administradores de red siempre deben ser conscientes de las consecuencias del tráfico de información en la red y, por lo tanto, deben actuar delimitando qué puede y qué no puede circular por ella.

Windows Server ofrece un servicio de *firewall* para filtrar y bloquear el tráfico dentro de las redes virtuales. Nos da la posibilidad de establecer reglas o parámetros para mejorar la seguridad de nuestros equipos.

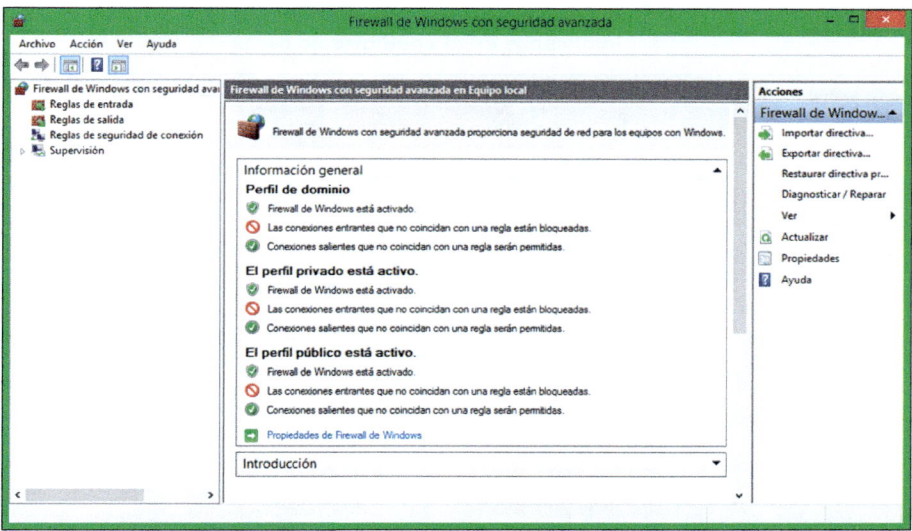

Lista de reglas del cortafuego de Windows Server

2.3. Equilibrio de carga de *software*

Otra característica de *Windows Server* es la posibilidad de **equilibrar la carga de red (NLB),** es decir, distribuir el tráfico entre varios servidores mediante el **protocolo TCP/IP.** Cuando se combinan dos o más equipos dentro de un único *clúster* virtual, NLB proporciona confiabilidad y rendimiento de los servidores web y otros servidores críticos.

NLB es útil y necesario para conseguir que el tiempo de aplicaciones sin estado, como los **servidores web de *Internet Information Services* (IIS),** sea aprovechado, reduciendo el tiempo de inactividad al mínimo y permitiendo la escalabilidad (agregando servidores adicionales).

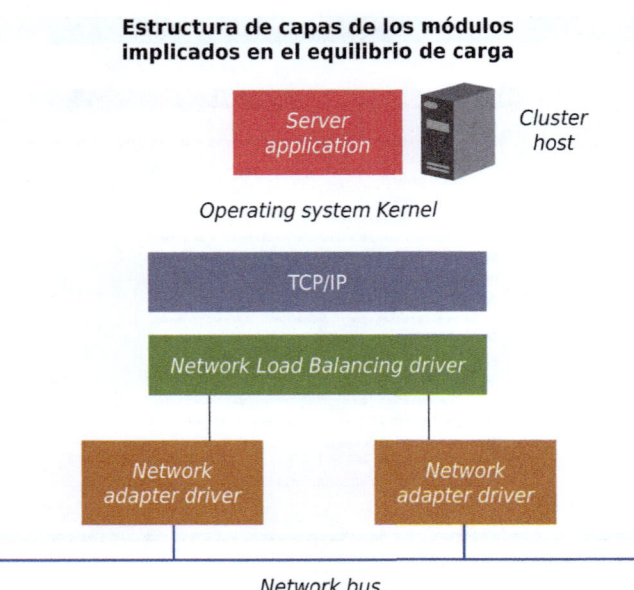

Estructura de capas de los módulos implicados en el equilibrio de carga

2.4. *Nano Server*

Windows Server permite un tipo de instalación conocido como **Nano Server** que, según la compañía, está optimizado para trabajar en la nube cargando de forma local tan solo el núcleo del sistema operativo y reduciendo aún más la superficie expuesta que en las versiones normales, denominadas versiones *core*.

Nano Server se actualiza mediante paquetes independientes que se instalan como aplicaciones y ha sido diseñado para su control remoto. Su enfoque de desarrollo se basa en aplicaciones **PaaS v2** y **ASP.NET vNext**.

 **DEFINICIÓN**

PaaS v2
Conjunto de servicios de nube que proporciona una plataforma y un entorno para que los desarrolladores puedan crear aplicaciones y servicios que funcionen a través de internet.

Continúa en página siguiente >>

<< Viene de página anterior

ASP.NET vNext

Es un *framework* web de código abierto para el desarrollo de aplicaciones web sobre *Windows, Linux* y *MacOS*.

 ACTIVIDAD COMPLEMENTARIA

2. Busca más información sobre la tecnología *Nano Server de Windows Server* y explica brevemente cómo se puede aplicar a los negocios de hoy en día.

---

3. Ventajas e inconvenientes del uso de *Windows Server*

👉 **HILO CONDUCTOR**

Antonio tiene que sopesar ahora las ventajas e inconvenientes del uso de tecnologías de vanguardia en su negocio. Se basará en características generales, ya que sabe que el alto grado de complejidad de este tipo de dispositivos es abrumador.

Las **ventajas** de usar *Windows Server* son más que evidentes. Entre todas ellas destacamos las siguientes:

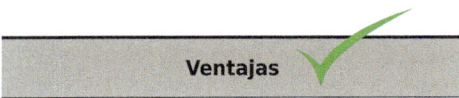

Ventajas
- Amable con el usuario
- Soporte garantizado
- Actualizaciones
- Recuperación del sistema
- Fácil instalación de *drivers* y aplicaciones
- Exclusividad

- **Amable con el usuario:** *Microsoft* siempre intenta mantener sus sistemas operativos para una administración cómoda e intuitiva para el mayor rango de personas posibles y, por lo general, lo consigue. Añade iconos y atajos visuales para hacerlo manejable y versátil.

- **Soporte garantizado:** mantiene una buena política de soporte, contando con expertos siempre disponibles para resolver dudas e incidencias que pudieran surgir durante el funcionamiento del SO.

- **Actualizaciones:** también hace mucho hincapié en la actualización automática dejando de lado el mantenimiento manual de un usuario avanzado. Ahora todo es más simple y transparente para el usuario final.

- **Recuperación del sistema:** *Microsoft* ofrece una forma de solucionar los problemas del sistema operativo desde un acceso fuera del mismo, lo que conlleva a una recuperación asistida y desatendida.

- **Fácil instalación de *drivers* y aplicaciones:** desde casi siempre, *Microsoft* apuesta por el "conectar y listo", dejando al SO que se encargue de la configuración, aunque sea básica para el funcionamiento del dispositivo. Lo mismo ocurre con los programas. Por lo general, *Microsoft* cuenta con los *drivers* más funcionales y actualizados.

- **Exclusividad:** *Windows Server* también posee aplicaciones exclusivas como *SharePoint* o *Exchange*, que otorgan un punto más de innovación y distinción respecto a sus competidores.

Sin embargo, a pesar de todas las ventajas que proporciona, existen **puntos débiles o negativos** que hay que tener en cuenta:

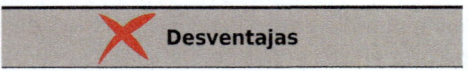

✗ Desventajas
- Subida de costos
- Problemas de seguridad
- Estabilidad y rendimiento
- Conocimientos técnicos

- **Subida de costos:** es un sistema operativo propietario. Es decir, se necesita pagar una licencia para su uso. Además, el soporte especializado, funciones adicionales y, en ocasiones, también algunas actualizaciones también son de pago.

- **Problemas de seguridad:** con frecuencia se pone en entredicho su seguridad, ya que son descubiertas vulnerabilidades que pueden aprovechar los ciberdelincuentes. También son más frecuentes los ataques de virus y *malware*.

- **Estabilidad y rendimiento:** el rendimiento y la estabilidad no suelen ser los deseados en un sistema operativo de semejante calibre. Consumen una gran cantidad de recursos, como por ejemplo, el uso de las GUI (la interfaz gráfica del usuario).

⮑ **Conocimientos técnicos:** en algunos casos, para determinados escenarios, es necesario un conocimiento técnico avanzado para obtener un sistema con garantías de seguridad y optimización de recursos.

 TAREA 1

Ana es una ejecutiva competente que pretende dar un impulso a su negocio manteniendo la base de infraestructura actual, pero desea aplicar nuevos mecanismos de optimización y seguridad. La empresa se basa en el desarrollo de un material aislante de alta calidad. Posee varias sucursales repartidas a nivel internacional por países de Europa. En función de las tecnologías y características de *Windows Server* que hemos visto en la unidad, elabora una tabla con todas ellas y marca cuáles serían de utilidad a Ana y cuáles no, argumentando en cada caso tu opinión.

4. Resumen

Windows Server nos provee de todas las herramientas necesarias para implantar una infraestructura sólida con independencia del entorno de trabajo y la magnitud del negocio. Es capaz por sí solo de establecer una plataforma de despliegue y desarrollo de aplicaciones destinadas a mejorar los activos empresariales.

A lo largo de los años ha ido mejorando sus prestaciones y hoy en día ofrece capacidades de cómputo muy afines a lo que se espera en un futuro no muy lejano: tecnologías de virtualización al servicio de los administradores con necesidad de definir redes virtuales y nodos de procesamiento muy heterogéneos.

Sin lugar a dudas, *Hyper-V* es la capacidad estrella de *Windows Server,* que, combinada con el desarrollo de centros de datos por **software,** ofrece al administrador un entorno único y versátil para utilizar miles y miles de configuraciones posibles con el fin de adaptarse a la cada vez más diversa demanda tecnológica.

Finalmente, podemos observar que existen muchas más ventajas de usar **Windows Server** que desventajas, aunque es cierto que todo ello depende del entorno o escenario que necesitemos implementar en nuestro negocio. Aspectos como un entorno amigable, fácil instalación y actualizaciones automáticas liberan al administrador de una carga de administración excesiva y facilita la comprensión de otras herramientas que sí son más determinantes.

Ventajas de *Windows Server*

Por el contrario, el administrador debe ser consciente de que puede encontrar muchas dificultades si piensa que **Windows Server** es la panacea de la administración de redes o servidores, ya que existen numerosos problemas de rendimiento y escalabilidad que **Microsoft** debe solventar con el paso de los años y de nuevas revisiones del sistema operativo.

Por último, también puede parecer un problema menor, pero no lo es, el hecho del coste de algunas de sus versiones. Esto conlleva a que medianas y pequeñas empresas se cuestionen si el desembolso está justificado provocando una incertidumbre difícil de eliminar.

Puntos débiles o negativos de *Windows Server*

| Subida de costos | Problemas de seguridad | Estabilidad y rendimiento | Conocimientos técnicos |

Ejercicios de autoevaluación
Unidad de Aprendizaje 1

1. *Windows Server* es una familia de sistemas operativos destinados a...

    a. ... controlar equipos informáticos.
    b. ... controlar servidores de todo tipo.
    c. ... dar soporte a la pequeña empresa.
    d. ... dar soporte al usuario de casa.

2. ¿Cuál de estas versiones de *Windows Server* no existe?

    a. *Server 2003.*
    b. *Server A1.*
    c. *Server 2016.*
    d. *Server 2008 R2.*

3. ¿Cuáles son las tres versiones de *Microsoft Windows Server 2022*?

    a. *Standard, Essentials* y *Ultimate.*
    b. *Standard, Datacenter* y *Ultimate.*
    c. *Standard, Datacenter, Datacenter-Azure* y *Essentials.*
    d. Todas las opciones son incorrectas.

4. De las siguientes afirmaciones, indica cuál es verdadera o falsa:

    a. El centro de datos por *software* permite alta disponibilidad.

        ■ Verdadero
        ■ Falso

    b. El centro de datos por *software* no garantiza flexibilidad.

        ■ Verdadero
        ■ Falso

    c. El centro de datos por *software* garantiza reducción de costes.

        ■ Verdadero
        ■ Falso

d. El centro de datos por *software* no se preocupa por la seguridad.

- Verdadero
- Falso

5. ¿Qué tecnología de las siguientes no tiene nada que ver con el proceso?

a. Equilibrio de carga.
b. Instalación de *Nano Server*.
c. Microsegmentación.
d. Agregar y quitar discos, memorias y redes en caliente.

6. *Hyper-V* es una tecnología...

a. ... desarrollada para mecanismos de auditoría.
b. ... desarrollada para mecanismos de seguridad.
c. ... desarrollada para mecanismos de almacenamiento.
d. ... desarrollada para mecanismos de virtualización.

7. *Windows Server* ofrece...

a. ... un servicio de compresión en línea.
b. ... un servicio de enrutamiento.
c. ... un servicio de *firewall* para filtrar y bloquear el tráfico.
d. un servicio de alerta para evitar usos indebidos de contraseñas.

8. El equilibrio de carga de red (NLB) es capaz de...

a. ... distribuir el tráfico entre varios servidores mediante el protocolo TCP/IP.
b. ... combinar dos o más equipos en varios clústers virtuales.
c. ... mover ficheros y directorios para balancear la carga de almacenamiento.
d. ... optimizar los procesadores.

9. **¿Cuál de estas características es una ventaja del uso de *Windows Server?***

    a. Predomina la interacción en modo consola.
    b. El soporte es limitado.
    c. No permite actualizaciones.
    d. Fácil instalación de *drivers* y aplicaciones.

10. **¿Cuál de estas características es una desventaja del uso de *Windows Server?***

    a. Subida de costos.
    b. Garantiza la seguridad.
    c. Exclusividad en los programas.
    d. No se adapta muy bien a entornos distribuidos.

Unidad de aprendizaje 2

Proxy Server

Contenido

Objetivos

El objetivo general de esta Unidad de Aprendizaje es:

→ Aprender conceptos y procedimientos generales relacionados con aquellos agentes externos que amenazan la seguridad informática de una empresa.

Los objetivos específicos de esta Unidad de Aprendizaje son:

→ Considerar la necesidad del uso de *proxy* en una red y cuáles son sus funciones principales.

→ Configurar un *proxy* básico en un sistema de red.

1. Introducción

Uno de los tipos de amenazas más frecuentes que se están detectando en la actualidad sobre los sistemas de información de las empresas provienen de los propios empleados que trabajan en ella. Es por ello que, cada vez más, los empresarios o responsables de dirección intentan evitar dichas amenazas aplicando políticas de seguridad, muchas veces no con demasiada fortuna.

Sin embargo, existen elementos que permiten facilitar un control y monitorización de los caminos que sigue la información que fluye a través de las infraestructuras de comunicación de las empresas, comúnmente denominados "intermediarios" o *proxys*. Estos dispositivos, lejos de ser elementos disuasorios o intimidadores, permiten aplicar mecanismos de seguridad simples pero efectivos.

Desde hace tiempo, en la empresa de Sergio hace falta aplicar políticas de seguridad que permitan mantener los activos a salvo lejos de amenazas internas, a la vez que se permita el acceso libre a internet, con el fin de que sus empleados puedan ser más eficientes en sus labores.

2. Características

👉 HILO CONDUCTOR

Ha habido un considerable aumento de plantilla en la empresa en la que trabaja Sergio y el sistema informático que utilizan requiere un uso muy elevado del ancho de banda de la red. A Sergio se le ocurre utilizar un servidor *proxy* para balancear la carga de la red y evitar cuellos de botella.

Los **proxys** son dispositivos que se encargan principalmente de la comunicación entre otros dos dispositivos. La información que un dispositivo envía pasaría por el *proxy* y este, en nombre del primero, realizaría la comunicación.

Los *proxys* también poseen un mecanismo conocido como almacenamiento caché, que mejora la velocidad de acceso en las comunicaciones. En concreto, cuando se solicita una página web por la que se ha navegado previamente, el *proxy* la habría almacenado y la devolvería sin necesidad de realizar una nueva conexión con el servidor web consiguiendo, de esta forma, mayor velocidad de respuesta al tráfico por la red.

Arquitectura de red para una red basada en servidor *proxy*

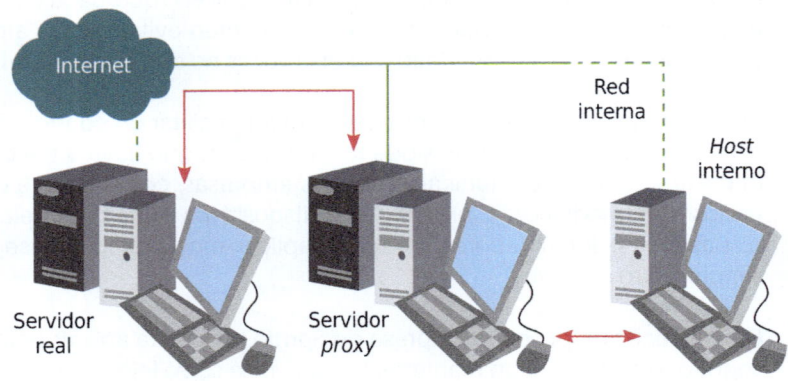

 SABÍAS QUE...

Todos usamos realmente un tipo *proxy* sin darnos cuenta cuando nos conectarnos a internet. Sin este *proxy* que reside en los *routers* de nuestras casas, no podríamos navegar por internet.

El uso de *proxys* permite que la **navegación se realice entre el servidor y el *proxy*,** dejando así nuestro equipo al margen del proceso y **ocultando su IP.** De esta forma, el *proxy* siempre actuará como un **servidor puente** en una navegación entre nuestro ordenador e internet.

Gracias a esta forma de funcionamiento en la red, el administrador de la misma puede usar un *proxy* para desempeñar otras **funciones más específicas** que proporcionan ciertos beneficios:

- **Filtrado:** se trata de la posibilidad de bloquear los sitios web que son considerados como maliciosos. Algunas empresas utilizan los proxys para bloquear accesos de sus empleados a redes sociales, por ejemplo.
- **Autenticación:** el *proxy* también permite que un usuario pueda acceder a un recurso externo siempre que se haya identificado y tenga los permisos necesarios para el acceso.

- ⮑ **Almacenamiento de Log:** el uso de *proxy* permite llevar un seguimiento de todos los sitios visitados y conexiones realizadas por cualquier equipo de la red.
- ⮑ **Almacenamiento de caché:** como hemos hablado antes, el *proxy* posee un mecanismo de caché que permite servir el resultado de una conexión sin necesidad de realizar la conexión final si ya se realizó previamente.
- ⮑ **Conexiones compartidas:** el *proxy* también permite configurar y distribuir de forma equitativa el ancho de banda de la red para cada dispositivo, y así no afectar al rendimiento de los demás usuarios de la red.
- ⮑ **Bloqueo de IP:** debido al control sobre el tráfico y las conexiones, el *proxy* puede establecer políticas de bloqueo sobre determinados equipos de la red, e incluso evitar que estos accedan a algún contenido específico.
- ⮑ **Archivos no permitidos:** también es posible desactivar la descarga de ficheros en la red, aunque no se bloquee el acceso a internet.

 ACTIVIDAD COMPLEMENTARIA

3. Antes de seguir con la unidad, y según has podido leer sobre las características de los *proxys*, ¿sabrías identificar las ventajas primordiales de su uso?

2.1. Ventajas

 HILO CONDUCTOR

Para Sergio, una razón para el uso de *proxy* tiene que ver con la necesidad de bloquear el acceso a sitios web considerados como maliciosos, ya que últimamente en su empresa hay muchas alertas por virus que infectan al navegador.

Como ya hemos visto, el uso de un *proxy* en la red permite **ampliar las acciones** y **funciones** de administración sobre los dispositivos conectados. Esto se traduce en unas determinadas **ventajas** para el negocio y la infraestructura de red implantada:

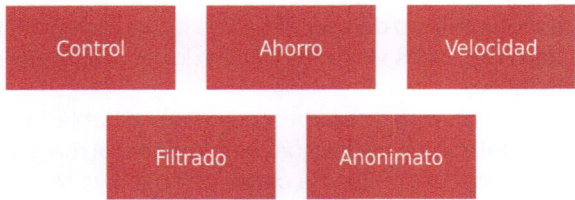

- **Control:** una ventaja del uso de *proxy* por la que muchas empresas se decantan en utilizarlo es porque permite realizar un control de usuarios. ¿Qué lugares visitan los usuarios? ¿Qué servicios obtienen de internet? ¿Qué ficheros se descargan? Toda esta información está disponible por el administrador de *proxy* si se configura correctamente.
- **Ahorro:** al compartir una misma conexión a internet por todos los dispositivos de la red se evita realizar un gasto innecesario para permitir que cada dispositivo posea una conexión particular.
- **Velocidad:** los mecanismos de caché de los *proxys* permiten despachar o acceder a sitios o servicios que ya fueron obtenidos previamente, evitando establecer conexiones repetidas en el tiempo.
- **Filtrado:** el control es una ventaja importante del *proxy,* pero se complementa con la de filtrado de las conexiones. Un *proxy* permite filtrar el tráfico que ocurre en la red para bloquear o denegar ciertos servicios a aquellos usuarios que no hacen un buen uso de la red.
- **Anonimato:** otra de las ventajas del uso de *proxy* es que permite ocultar la identidad del equipo que realiza la conexión a aquellos servidores o equipo que están fuera de la red. Esto permite saltarse bloqueos o censuras de sistemas de información y preservar la intimidad en las comunicaciones.

2.2. Desventajas

☞ HILO CONDUCTOR

La empresa de Sergio tiene una política de privacidad muy restrictiva y le preocupa que el uso de *proxys* pueda incumplirla. Para ello buscará el modelo de configuración más adecuado.

- -

El cierto que las ventajas son más que evidentes, pero el uso de *proxys* también conlleva una parte negativa. Un *proxy* se define a veces como control, y en una empresa suele ser bueno hasta cierto punto. Otras **desventajas** se enumeran a continuación:

- **Abuso:** cuando se está dispuesto a recibir peticiones de muchos usuarios puede ser que el *proxy* bloquee o filtre aquellas comunicaciones que no debe. Es un efecto secundario del exceso de control.
- **Carga:** debido a que todas las comunicaciones deben pasar a través de un mismo equipo, se puede saturar de carga originando problemas de rendimiento en la red en general.
- **Intromisión:** debido a que existe un intermediario, todo trabajo pasa por un agente externo. Algunos usuarios puede que no deseen que determinados trabajos sean monitorizados por este agente externo a la comunicación.
- **Incoherencia:** el mecanismo de caché de un *proxy* puede inducir a la incoherencia de los datos comunicados, ya que podría ocurrir que este dé una respuesta antigua cuando hay una más reciente en el recurso que se solicita.
- **Irregularidad:** debido a la conexión compartida hacia fuera de la red, puede ocasionar que en determinados escenarios no sea adecuado que el *proxy* actúe como representante de más de un usuario; en concreto, aquellos que suponen una comunicación directa entre el emisor y el receptor.

3. Aplicaciones

El **funcionamiento** de un *proxy* se basa en **cómo funcionan las comunicaciones en internet.** Sabemos que cuando un equipo informático se conecta a un servicio de internet lo hace a través del modelo cliente-servidor. A grandes rasgos, el usuario cliente envía una petición o solicitud (petición de archivo) al servidor para un servicio, y el servidor devolverá una respuesta (archivo) con el contenido.

Generalmente, lo que solicita el servidor es:

- Nombre y versión del **SO.**
- Nombre y versión del **navegador.**
- **Configuración** del navegador (resolución de pantalla, profundidad de color, si existe soporte para *Java/JavaScript,* etc.).
- Dirección **IP** del cliente.
- Otra información.

Modelo de comunicaciones cliente/servidor

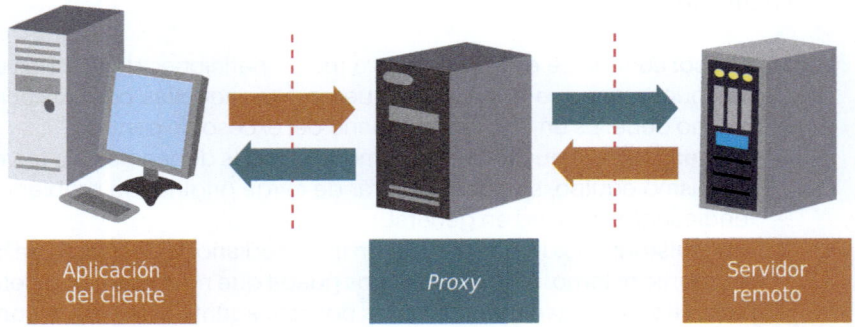

A continuación, se instalará y configurará un servidor *proxy Squid* en una distribución de **Linux Ubuntu:**

El primer paso es la instalación de *Squid.* Para ello, usamos **los siguientes comandos:**

```
sudo apt install squid
```

```
root@ubuntu:/home/ubuntu# sudo apt install squid
```

Una vez que se complete la instalación, el servicio Squid se iniciará automáticamente. Para verificarlo, teclearemos el siguiente comando:

```
sudo systemctl status squid
```

```
root@ubuntu:/home/ubuntu# sudo systemctl status squid
```

Se obtendrá un mensaje similar al siguiente:

```
● squid.service - Squid Web Proxy Server
     Loaded: loaded (/usr/lib/systemd/system/squid.service; enabled; preset: enabl▶
     Active: active (running) since Fri 2024-10-25 18:27:08 UTC; 1min 54s ago
 Invocation: fc4700fd060940b4a184cfa2915d27e5
       Docs: man:squid(8)
    Process: 3488 ExecStartPre=/usr/sbin/squid --foreground -z (code=exited, statu▶
   Main PID: 3497 (squid)
      Tasks: 4 (limit: 3930)
     Memory: 16.3M (peak: 17.1M)
        CPU: 83ms
     CGroup: /system.slice/squid.service
             ├─3497 /usr/sbin/squid --foreground -sYC
             ├─3502 "(squid-1)" --kid squid-1 --foreground -sYC
             ├─3503 "(logfile-daemon)" /var/log/squid/access.log
             └─3504 "(pinger)"

oct 25 18:27:08 ubuntu squid[3502]: Using Least Load store dir selection
oct 25 18:27:08 ubuntu squid[3502]: Set Current Directory to /var/spool/squid
oct 25 18:27:08 ubuntu squid[3502]: Finished loading MIME types and icons.
oct 25 18:27:08 ubuntu squid[3502]: HTCP Disabled.
oct 25 18:27:08 ubuntu squid[3502]: Pinger socket opened on FD 14
oct 25 18:27:08 ubuntu squid[3502]: Squid plugin modules loaded: 0
oct 25 18:27:08 ubuntu squid[3502]: Adaptation support is off.
oct 25 18:27:08 ubuntu systemd[1]: Started squid.service - Squid Web Proxy Server.
oct 25 18:27:08 ubuntu squid[3502]: Accepting HTTP Socket connections at conn3 loc▶
                                    listening port: 3128
oct 25 18:27:09 ubuntu squid[3502]: storeLateRelease: released 0 objects
```

Tras la instalación, es necesario configurar Squid. Todos los parámetros de configuración se encuentran en el archivo /etc/squid/squid.conf.

El archivo de configuración incluye comentarios que describen lo que hace cada opción de configuración. Antes de realizar cualquier cambio, se recomienda hacer una copia de seguridad del archivo de configuración original.

```
sudo nano /etc/squid/squid.conf
```

Squid establece de forma automática una denominación para la máquina en donde se encuentra alojado y que puede ser modificado si fuera necesario. Por defecto es localhost:3128.

```
#Default:
# Automatically detect the system host name
```

Por defecto el puerto de escucha del servidor proxy será 3128, pero se puede modificar si fuera necesario:

```
# Squid normally listens to port 3128
http_port 3128
```

Siempre que se realicen cambios en el archivo de configuración, el servicio debe reiniciarse para que los cambios surtan efecto:

```
sudo systemctl restart squid
```

Por defecto. Squid escucha por todas las interfaces de red. Por lo tanto, y por razones de seguridad, se debería establecer la escucha a través de la red local:

```
# Squid normally listens to port 3128
http_port 127.0.0.1:3128
```

Además, nadie debe estar autorizado para conectarse al servidor *proxy,* excepto la máquina del administrador. Por lo tanto, es necesario **crear una lista de autorización.** En la lista de autorización se especifica la **dirección** y la **máscara de red del rango** para el que se permite la conexión al *proxy:*

```
# Example rule allowing access from your local networks.
# Adapt to list your (internal) IP networks from where browsing
# should be allowed
acl localnet src 10.0.0.0/255.255.255.0
acl localnet src 0.0.0.1-0.255.255.255    # RFC 1122 "this" networ
acl localnet src 10.0.0.0/8               # RFC 1918 local private
acl localnet src 100.64.0.0/10            # RFC 6598 shared addres
acl localnet src 169.254.0.0/16           # RFC 3927 link-local (
acl localnet src 172.16.0.0/12            # RFC 1918 local private
acl localnet src 192.168.0.0/16           # RFC 1918 local private
acl localnet src fc00::/7                 # RFC 4193 local private
acl localnet src fe80::/10                # RFC 4291 link-local (
```

Después de configurar y definir una lista de autorización, hay que **establecer la política adecuada para aplicar en la lista;** o bien se permite o bien se deniega el acceso, usando para ello las sentencias **http_access allow** o **http_access deny** respectivamente.

```
# Only allow cachemgr access from localhost
http_access allow localhost manager
http_access deny manager
```

Por defecto, *Squid* solo autoriza el tráfico HTTP en algunos puertos (80, etc.). Sin embargo, algunas páginas web utilizan puertos diferentes al 80.

Para evitar el bloqueo se puede deshabilitar introduciendo un símbolo # al comienzo de la línea para eliminar la directiva que se encarga de esto:

```
# Deny requests to certain unsafe ports
http_access deny !Safe_ports
```

Después de los cambios, es necesario **reiniciar Squid** para que se aplique la nueva configuración:

```
# Deny requests to certain unsafe ports
# http_access deny !Safe_ports
```

A partir de ahora, el *proxy* se encuentra bien configurado, aunque también será necesario **configurar los programas que utilizarán el *proxy*.** Hay que tener en cuenta que, por defecto, el caché se encuentra activado, con un tamaño de 100 MB y ubicado en /var/spool/squid. Obviamente se puede configurar otro tamaño y ubicación. Para configurar el tipo de caché, la ruta del directorio de la caché, el tamaño de la caché y otros ajustes específicos del tipo de caché debe realizarse en el parámetro cache_dir:

```
cache_dir ufs /var/spool/squid 100 16 256
```

 TAREA 2

Sergio necesita configurar un servidor *proxy* para su empresa. Para ello, ha obtenido cierta información que será de utilidad en su configuración. Atendiendo a la información que proporciona Sergio, describe la secuencia de pasos para configurar *Squid* como servidor *proxy*.

Información de Sergio:

El servidor *proxy* debe escuchar por el puerto de peticiones HTTP (80). Debe asignar la interfaz eth1 como la principal, por donde escuchará las peticiones. Además, tiene que configurarlo para permitir el acceso a los equipos de la LAN ubicados en la red 192.168.128.1, pero ha de impedir el acceso a todos los equipos ubicados en la red 192.168.129.1. También debe prohibir que cualquier usuario pueda acceder a los siguientes dominios: microsoft.com y facebook.com.

Proxy caché

El **proxy caché,** más allá de ser un tipo de *proxy* propiamente dicho, es un **mecanismo que complementa un *proxy*.** Este mecanismo se basa en la idea de que la información solicitada por el cliente del *proxy* es probable que sea **solicitada nuevamente** por él más adelante.

 EJEMPLO

En el contexto de un *proxy* web, quien va a buscar las páginas solicitadas no es el cliente —el navegador—, sino el propio servidor *proxy* caché. Esto le da posibilidad de mantener una caché (copia) de las páginas más consultadas últimamente. De esta forma, cuando algún cliente solicite la misma página, ya la tendrá almacenada y no será necesario que el *proxy* vuelva a conectarse al servidor web para obtenerla; él mismo será quien se la devuelva al cliente. Por lo tanto, existirá un incremento importante de velocidad.

Esquema de funcionamiento de un *proxy caché*

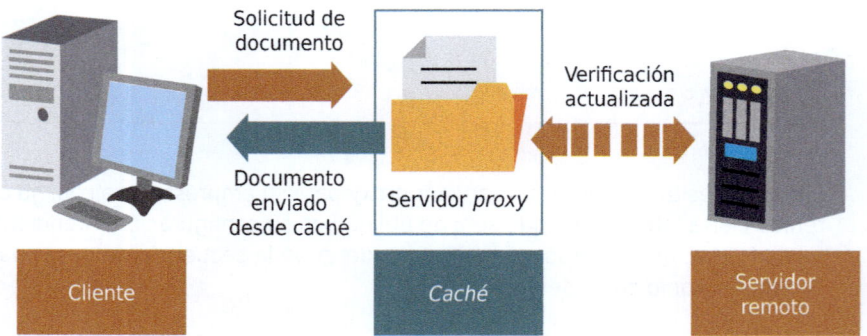

 SABÍAS QUE...

Podemos saber fácilmente si estamos conectados a internet a través de un *proxy* o no. Existen numerosas páginas web que nos proporcionan esa información tan valiosa. Pulsa en el siguiente enlace para conocer una de ellas:

Continúa en página siguiente >>

<< Viene de página anterior

https://redirectoronline.com/ifcm004po0201

Proxy web

 HILO CONDUCTOR

El objetivo principal de un negocio que necesita el uso de *proxy* suele ser compartir la conexión a internet entre todos los equipos que forman la red interna de la empresa. Para alcanzar este objetivo, Sergio va a configurar un servidor *proxy* web.

- -

Un *proxy* web surge como necesidad de conectar todos los equipos de una red local a internet. Antiguamente, solo un equipo podía acceder a ella y los empleados se repartían el tiempo de uso, pero con el auge y el aumento de internet fue necesario establecer mecanismos que permitieran la conexión individual de cada puesto de trabajo.

Así, **el *proxy* web es un servicio que actúa como intermediario entre un dispositivo y los servicios de internet.** Desde el momento en que una dirección se escribe en la ruta del navegador, la solicitud se envía al *proxy,* y este realiza la petición al servidor donde se aloja el sitio, devolviendo al cliente el resultado.

Arquitectura de una red con *proxy web*

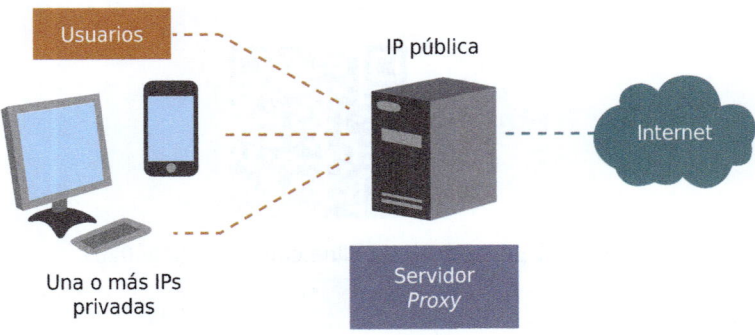

Posibles usos

Un posible uso que se le está dando hoy en día al *proxy* es **utilizarlo en el posicionamiento web.** Imaginemos la situación en la que tenemos un blog y queremos conseguir enlaces entrantes hacia nuestra web. Para ello, generamos los siguientes tipos de enlaces:

El problema es que no hemos conseguido la naturalidad necesaria, ya que habríamos generado todos estos enlaces desde el mismo equipo y, por lo tanto, quedarían registrados como originados por la misma IP. *Google* detectará que estás realizando **Link Building,** y te penalizará el posicionamiento de tu web.

Para evitar esto, podemos **usar varios servidores *proxy* web anónimos.** Buscamos algunos servidores *proxy* web *online* y generamos los enlaces anteriores. Existen innumerables *proxys* web gratuitos.

Otro posible uso de un servidor proxy web es evitar la censura de un país. Por ejemplo, en la actualidad, China y Corea del Norte bloquean las principales plataformas de redes sociales como *Facebook* o *X*. Sin embargo, usando un proxy web, cualquier usuario de estos países puede eludir la censura. Para ello, solo tiene que navegar hasta un servidor proxy web gratuito y desde este, realizar la conexión con la página de *Facebook* o *X*.

 **DEFINICIÓN**

Link Building
Es una de las estrategias del SEO que consiste en conseguir enlaces externos hacia nuestra web, blog o tienda *online* para hacer aumentar el posicionamiento en buscadores.

También podemos usar un servidor *proxy* web **cuando queramos ocultar nuestra ubicación actual.** Conociendo una dirección IP es muy sencillo determinar la posición geográfica aproximada del equipo. Cualquiera con unos conocimientos medios puede obtener esta información, de forma que es un riesgo si estamos realizando un trabajo que necesita privacidad y discreción.

El servidor *proxy* nos brinda la oportunidad de **ocultar la dirección IP, restringir el acceso a los datos y realizar una mejor gestión de *cookies.*** Todo esto evitará, en gran medida, que un agente externo monitorice nuestros movimientos con *software* de análisis web.

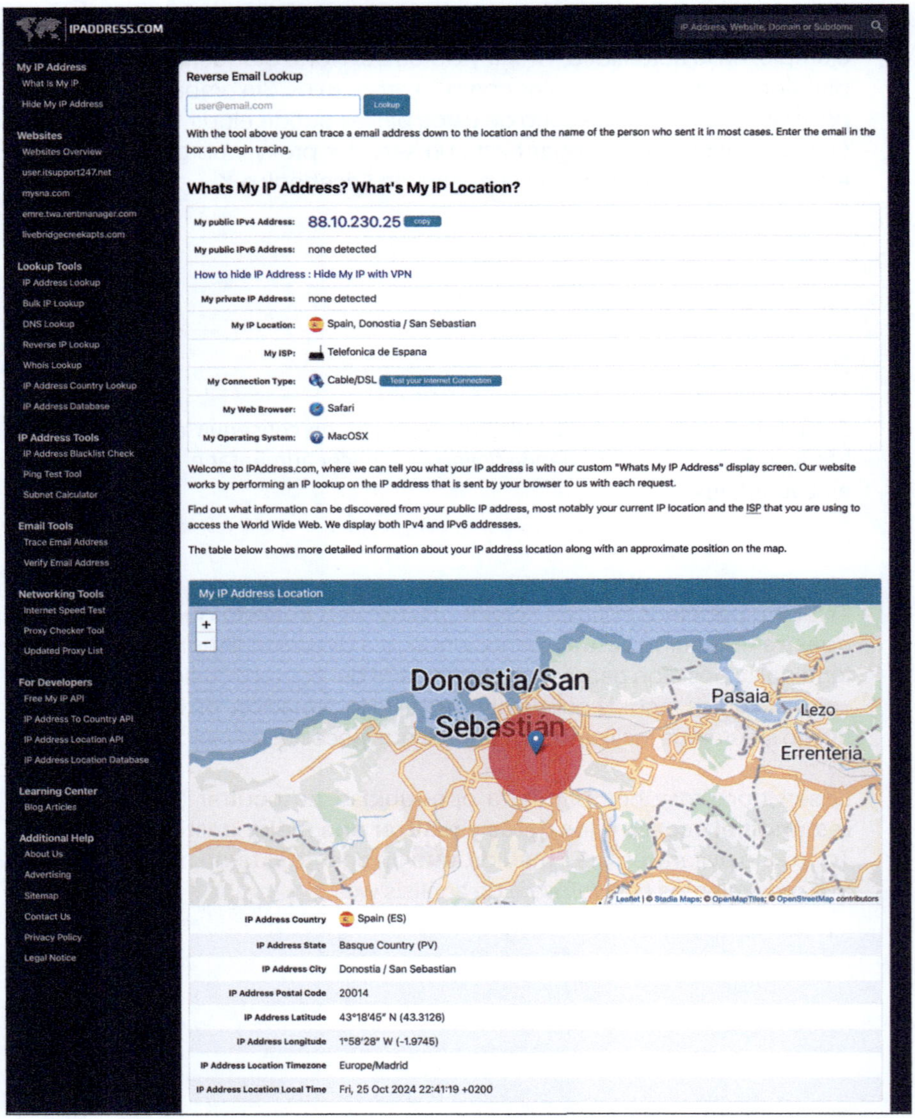

PRACTICA

Escanea el código QR, entra en la página y obtén tu dirección IP pública junto a los demás datos geográficos.

Continúa en página siguiente >>

<< Viene de página anterior

https://redirectoronline.com/ifcm004po0204

 PRACTICA

Hide.me es uno de los *proxys* gratuitos más famosos de internet. Prueba a entrar en su página. Introduce una página web en el apartado de URL y pulsa en navegación anónima. ¿Ves alguna diferencia con respecto a la navegación normal?

https://redirectoronline.com/ifcm004po0205

 ACTIVIDAD COMPLEMENTARIA

4. Busca en internet algún otro uso que se le puede dar a un *proxy,* aparte de los vistos en la unidad.

Inconvenientes

Los principales **inconvenientes** del uso de un *proxy* web son:

Configurar
- Si queremos compartir el acceso a internet en nuestra red, necesitamos configurar cada navegador web para que permita la conexión a través del *proxy*.

Fallo
- Si el *proxy* falla, ningún equipo de la red interna podrá acceder a internet.

Administrador
- La administración del servidor *proxy* no suele ser inmediata y necesita de alguien con los conocimientos adecuados para su configuración. Por lo tanto, se hace indispensable la figura de un administrador de red.

 **EJEMPLO**

Cuando un navegador está configurado para establecer la comunicación mediante *proxy*, es muy frecuente que, si existe algún problema de conexión, te lo indique como aparece en la imagen. Obviamente es algo ajeno al navegador y, por lo tanto, es un inconveniente ya que depende de un intermediario; si este no realiza bien su trabajo, el usuario final no podrá conectarse a la red.

Continúa en página siguiente >>

<< Viene de página anterior

Aplicaciones web *proxy*

👉 HILO CONDUCTOR

Ahora le toca a Sergio estudiar un tipo de servidor *proxy* propietario. En concreto, el que proporciona *Microsoft* en sus múltiples versiones. Se trata de un servidor implementado para cubrir las necesidades propias de una infraestructura basada en servidores *Windows Server*.

El *proxy* de aplicación web es el *proxy* que *Microsoft* pone a disposición del empresario, ofreciendo a las organizaciones, además de todas las ventajas de un *proxy,* la posibilidad de seleccionar las aplicaciones que estarán disponibles para el acceso desde el exterior. Este proceso se conoce como **publicación,** y permite que las aplicaciones puedan estar disponibles a través del *proxy* para los usuarios finales.

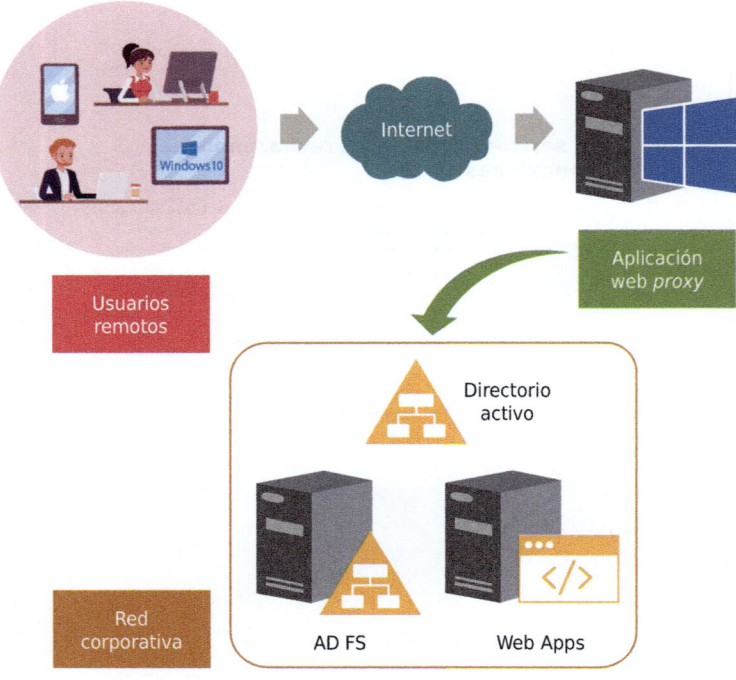

El *proxy* de aplicación web permite a los usuarios utilizar los servicios de *Windows Server* dentro de la red corporativa

Proxys transparentes

Como hemos visto anteriormente, cuando usamos un *proxy* web es necesario realizar una etapa de configuración previa de los dispositivos que van a utilizarlo. Esto consiste, principalmente, en **configurar el navegador de internet** para que, cuando solicite una página web, pueda realizar la petición al *proxy*.

El elemento o característica diferenciadora del *proxy* transparente es que **no requiere una configuración del navegador** y, por tanto, los usuarios no sabrán jamás que sus comunicaciones están siendo realizadas por otro equipo que no sea el suyo. Esta característica hace que sea el tipo de *proxy* **más utilizado por las empresas** para controlar el uso de internet que hacen sus empleados, entre muchas otras funciones.

El *proxy* transparente devuelve el resultado e inicia la comunicación sin conocimiento del navegador

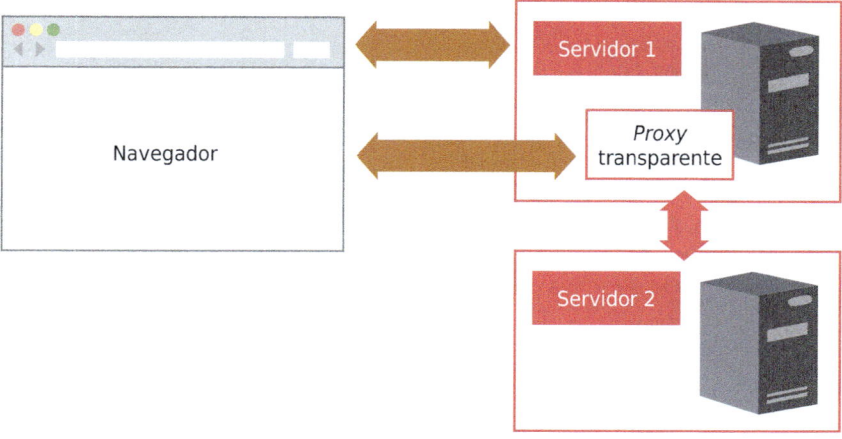

Configuración de Squid en modo transparente

A continuación, vamos a explicar **cómo configurar el *proxy Squid*** insta-lado anteriormente en modo transparente. Al mismo tiempo, usaremos al-gunos parámetros para evitar que el *proxy* sea detectado por herramientas específicas para la detección de *proxys*.

- **Versión de *Squid* en HTTP.** En primer lugar, debemos eliminar la ver-sión de Squid que viaja en cada paquete de comunicaciones. Para ello, en el fichero de configuración incluimos la sentencia: *httpd_suppress_ version_string on.*
- **Info de retorno en IP.** Para evitar que en las cabeceras de los paquetes de *Squid* aparezca la información referente a nuestra dirección IP que realiza la comunicación, debemos especificar en el fichero de configura-ción la directiva: *forwarded_for off.*
- ***Header* RFC2616.** Squid, por defecto, incluye una cabecera especial recogida en el RFC2616 denominada "Via". Es importante deshabilitar esta cabecera para que no sea detectado el *proxy*. Para ello, se incluye la directiva: *via off.*
- **Caché.** También es primordial desactivar el uso de la caché para evitar la detección. Se consigue mediante la directiva: *cache deny all.* Como contraprestación por la desactivación, nos olvidaremos de los benefi-cios de un acceso rápido en muchas ocasiones.
- **Puerto.** Definimos el puerto de escucha y configuramos el modo trans-parente del *proxy*. Todo ello con la directiva: *http_port 3128 transparent.*

- ⮑ *Routing.* Ahora configuramos para que todo el tráfico pase a través del *proxy* mediante las siguientes directivas:
  iptables -t nat -A PREROUTING -i $IFINTERNA -p tcp --dport 80 -j REDIRECT --to-port 3128
  iptables -t nat -A PREROUTING -p tcp --dport 80 -j REDIRECT --to-port 3128
- ⮑ **Interfaz de red.** También tenemos que definir en el fichero de configuración la interfaz de red que estará en comunicación con la zona interna del *proxy*. Esto se especifica mediante la variable **$IFINTERNA** definida en el fichero de configuración.
- ⮑ **Log.** Por último, especificamos en el fichero de configuración que queremos llevar un seguimiento de las páginas que se visitan. Para ello, se utiliza la directiva: *strip_query_terms off.*

NOTA

Pasos a seguir para instalar y configurar el servidor:

https://redirectoronline.com/ifcm004po0202

Mediante esta configuración evitaremos que el *proxy* sea fácilmente detectable con herramientas como el *proxy* test de lagado.com:

https://redirectoronline.com/ifcm004po0203

Proxy inverso

☞ HILO CONDUCTOR

Ahora le toca a Sergio proteger cierta información almacenada en servidores internos. Para ello, piensa en utilizar un *proxy* inverso ubicado en la parte de la red que separa la zona más interna y crítica del resto de la red.

- -

Un ***proxy* inverso** es un tipo de servidor *proxy* que **recupera recursos** destinados a otro servidor sin que el cliente conozca realmente que el recurso se encuentra en un servidor distinto del que se lo solicita. Por lo tanto, el cliente **hace la petición al puerto 80 del *proxy*,** y este es el que hace la **petición al servidor web** con el recurso, que normalmente está en una **red interna no accesible** desde el cliente.

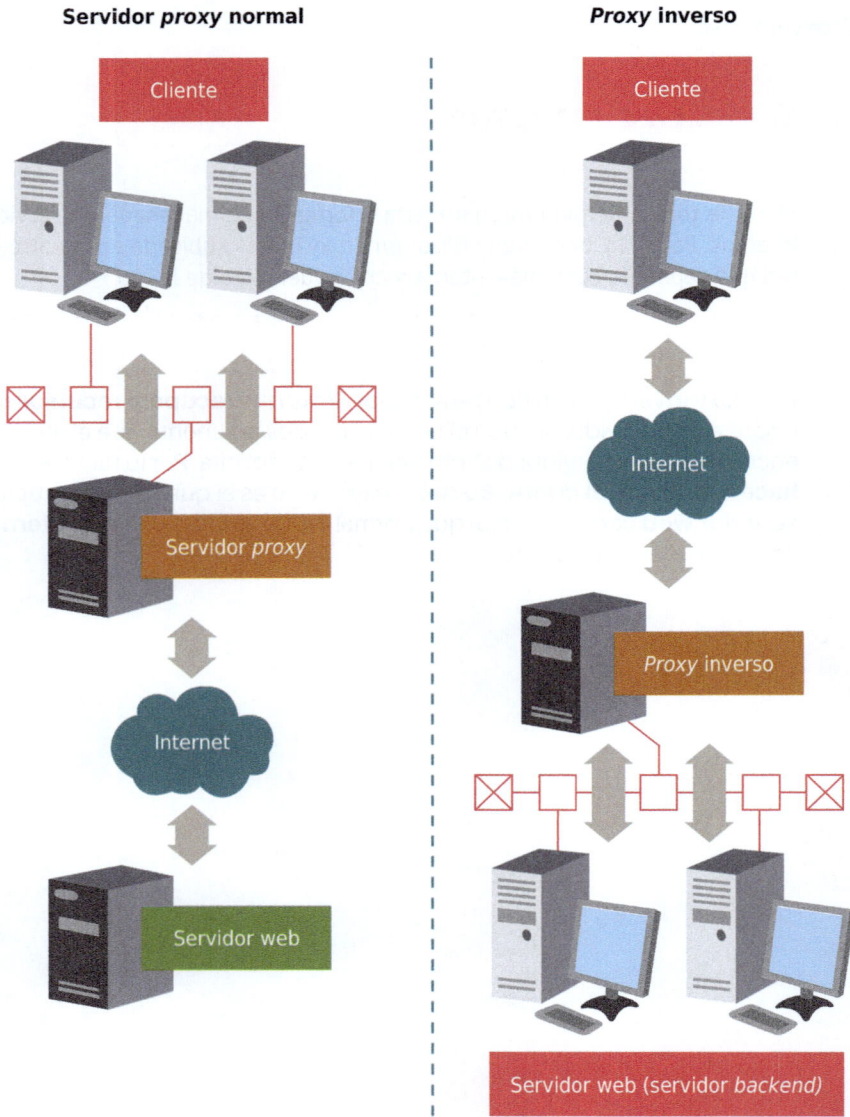

Diferencia entre un servidor proxy normal y un servidor proxy inverso

Un servidor *proxy* inverso suele ubicarse en la **DMZ** (zona desmilitarizada de la red) **para proteger a los servidores HTTP internos de una intranet corporativa.** Actuaría como una especie de escudo absorbiendo los ataques que provengan del exterior y mejorando la seguridad de toda la red en general.

Un *proxy* inverso permite al administrador **utilizar características de autenticación para controlar quién puede acceder a los servidores internos,** ya que actúa como escudo frente a las comunicaciones que llegan no solo desde el exterior, sino también desde la propia red interna. Este control se realizará desde un solo equipo simplificando y centralizando la seguridad de la red.

Si miramos la red desde fuera, todo el tráfico parece estar dirigido a una única dirección de red (la dirección del servidor *proxy* inverso). Sin embargo, el *proxy* inverso mapeará esas direcciones para realizar las peticiones correctas a cada servidor interno que dependa de este. Pero estas direcciones deberán estar siempre asociadas a URL y aparecer como **públicas.**

Cuando un servidor HTTP interno responda al *proxy* inverso, este enviará la respuesta al usuario de internet. La respuesta enviada en internet al usuario de internet contiene la dirección del servidor *proxy* inverso, no la dirección del servidor HTTP interno.

APLICACIÓN PRÁCTICA

Una empresa del sector tecnológico pretende desarrollar un sistema que permita acceder a los mercados bursátiles de España. Para ello, una vez finalizado el desarrollo, desplegarán tres servidores donde se alojarán las diferentes partes del sistema, repartidas para garantizar la seguridad frente a posible espionaje industrial. ¿Es posible mejorar la seguridad usando *proxys* inversos?

Solución

Es una medida de seguridad más. El servidor *proxy* ubicado en la zona DMZ permite que cualquiera que intente acceder a la zona interna deba pasar obligatoriamente por él. De esta forma, el servidor actuará de escudo y se podrán aplicar las directivas de seguridad más adecuadas. Esta respuesta responde la pregunta del enunciado de si es posible mejorar la seguridad usando *proxys* inversos. La respuesta es que sí.

El servidor *proxy* inverso modifica la petición que recibe del exterior antes de solicitar el recurso a los servidores internos. Para ello, utiliza su propia dirección y, una vez recibida la respuesta, vuelve a modificarla para que parezca que fue él quien la resolvió enviándola al cliente en espera.

Proxy NAT / enmascaramiento

 ## HILO CONDUCTOR

Sergio también necesita configurar un sistema de traducción de direcciones IP para que todos los equipos de la red interna puedan acceder a internet de forma transparente y sin necesidad de configuración previa. Por ello, Sergio ha pensado en utilizar el *proxy* NAT que viene incluido en el *router* de su proveedor de servicios (ISP).

El **NAT** *(Network Address Translation),* traducción de direcciones de red, o también conocido como **enmascaramiento de IP,** se basa en reescribir o cambiar las direcciones de origen y destino en una comunicación cuando esta pasa a través del *proxy* (de ahí el "enmascaramiento").

Es una técnica **muy útil** y **necesaria** cuando varios usuarios quieren poder acceder a internet pero **comparten una única conexión** y, por lo tanto, una única dirección IP pública con la que realizar las peticiones a páginas web.

¿Cómo resuelve el problema si en la red interna existen muchos equipos que emplean direcciones IP reservadas para uso privado?	¿Cómo puede ser capaz de conocer el *proxy* la dirección interna a la que responde un servidor web, por ejemplo?

La respuesta a todas estas preguntas es que el *proxy* NAT mantiene una tabla de traducción de IP privadas y los puertos asociados que han establecido la comunicación para poder devolver la respuesta cuando esta llega.

Ejemplo de *proxy* NAT en un hogar

Home wifi network:
192.168.1.0/24

192.168.1.11

192.168.1.22   192.168.1.33

192.168.1.44   Router IP address: 192.168.1.55
                210.20.6.98

Esta situación ya no es solo común en empresas, sino también en los hogares, debido a que nos estamos quedando sin direcciones IP versión 4. El acceso a internet mediante NAT **proporciona una cierta seguridad,** puesto que, en realidad, no hay conexión directa entre el exterior y la red privada, y así nuestros equipos no están expuestos a ataques directos desde el exterior.

También se puede conseguir mediante NAT que el *proxy* actúe como **encaminador de una comunicación hacia una zona con acceso restringido o limitado.** De esta forma, las peticiones se reescribirían hacia el equipo o máquina concreta para tal fin.

 SABÍAS QUE...

La función de NAT se encuentra implementada en los cortafuegos y *routers*, y resulta muy cómoda porque no necesita de ninguna configuración especial en los equipos de la red privada, es decir, se mantiene transparente para todos los equipos de la red.

Proxy abierto

 ## HILO CONDUCTOR

Sergio es conocedor de que no todos los servidores *proxy* suelen emplearse para buenos fines. El caso de los servidores *proxy* abiertos es un ejemplo de *proxys* que suelen utilizarse para fines más oscuros.

Los *proxys* **abiertos** son muy comunes en internet. Se trata de **servidores que aceptan peticiones desde cualquier ordenador, esté o no conectado a su red.**

En estos escenarios, el *proxy* actuará en representación de otro equipo como siempre hemos hablado, pero la diferencia radica en que el *proxy* no tiene por qué estar situado en la misma red que el equipo que inicia la comunicación. Aquí el concepto de *proxy* se une al de "pasarela de comunicación".

Este tipo de *proxy* es utilizado frecuentemente por ciberdelincuentes para realizar todo tipo de acciones, como por ejemplo el **envío de** *spam* **masivo a correos electrónicos.** Las utilidades y capacidades de un *proxy* son muchas, desde anonimizar la identidad, almacenar y redirigir servicios como el DNS o la navegación web hasta el cacheo de peticiones en el servidor *proxy* para mejorar la velocidad.

En un servidor abierto todas estas capacidades siguen estando **disponibles** y se pueden convertir en **valiosas herramientas para su uso indebido.**

 ## SABÍAS QUE...

Debido al uso malicioso que se suele hacer de estos servidores, muchos servicios como IRC o correo electrónico no permiten su uso, incorporándolos en listas negras.

Ejemplo de mal uso de un servidor *proxy* abierto

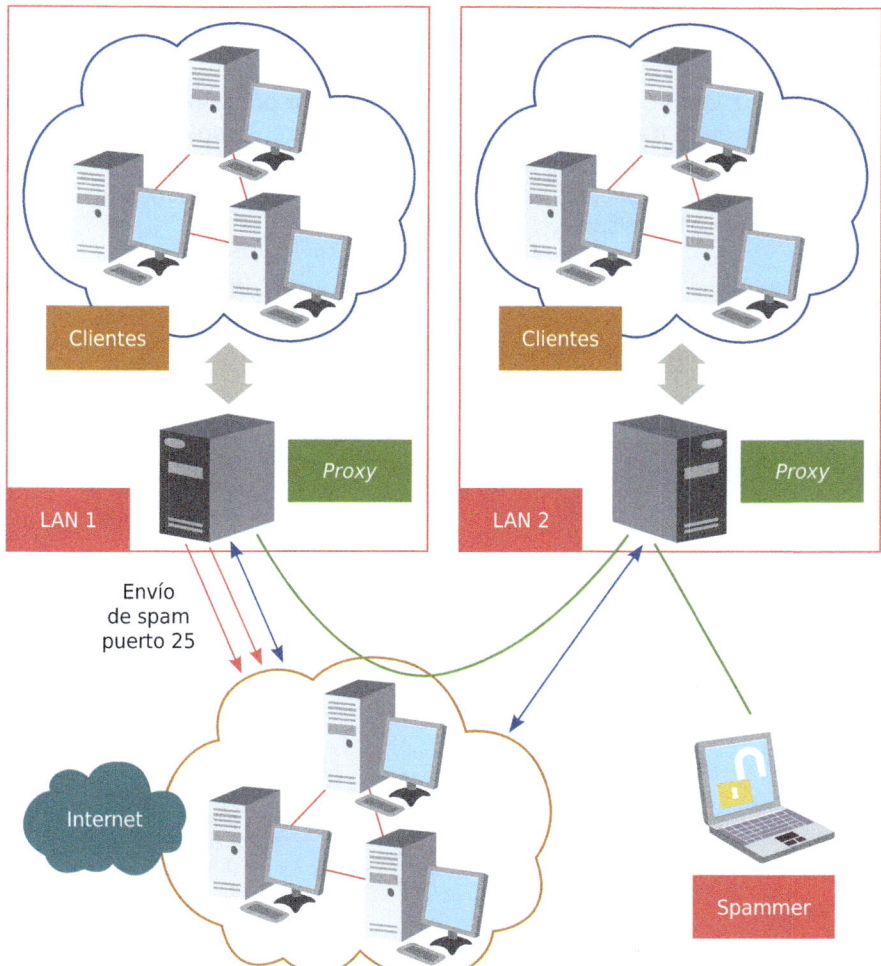

Cross-Domain Proxy

El *proxy Cross-Domain* (dominio cruzado) es útil cuando se aplican tecnologías web asíncronas como *Ajax, Comet,* etc. Se trata de un tipo de *proxy,* definido en la mayoría de las ocasiones mediante *software,* en concreto mediante configuraciones de servidores web como *Apache*.

Las limitaciones impuestas por los navegadores web impiden que tecnologías como *JavaScript* puedan realizar comunicaciones entre elementos *software* ubicados en diferentes dominios, e incluso subdominios.

Para solucionar estos problemas se puede optar por **configurar un servidor** *Apache*, **y después convertirlo en** *proxy* **transparente mediante el módulo mod_rewrite.** De esta forma, será capaz de realizar las peticiones externas a otros dominios en nombre de los *scripts,* devolviendo finalmente el resultado a los mismos.

Esta solución convierte a un *proxy* transparente en un *proxy Cross-Domain* solucionando muchos problemas de comunicación entre elementos *software* basados en programación web.

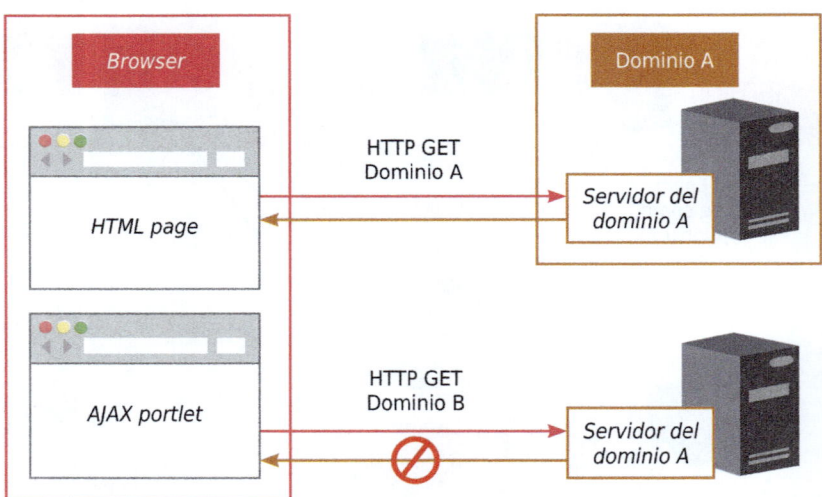

👁 EJEMPLO

Imagina que tienes dos sistemas en dos dominios diferentes y que, mediante *Ajax,* quieres que exista una comunicación entre ambos. En concreto, quieres que uno de los dos sistemas solicite al otro un listado de pedidos almacenados en una base de datos propia. Si configuras *Apache* para permitir que *Ajax* envíe peticiones a otro dominio, no podrías conseguirlo. Ambos sistemas no podrían comunicar sus datos. Por ello se conoce a este modelo de configuración como **proxy Cross-Domain** o de **dominio cruzado.**

4. Resumen

El *proxy* se presenta como el elemento más importante de la seguridad interna de la empresa y es, por ello, el primer eslabón en el ataque de un sistema o infraestructura de red. La palabra clave que se debe elegir cuando se habla de *proxy* es la de "intermediario". Un elemento que, como hemos visto, posee innumerables ventajas de gestión y mantenimiento de una red informática.

Aspectos como control, filtrado, velocidad de acceso y compartición de servicios representan las piedras angulares en todo sistema de red que necesite de una mínima gestión para evitar, no solo ataques desde el exterior, sino también los que se puedan producir desde la zona interna. A continuación los detallamos un poco mejor:

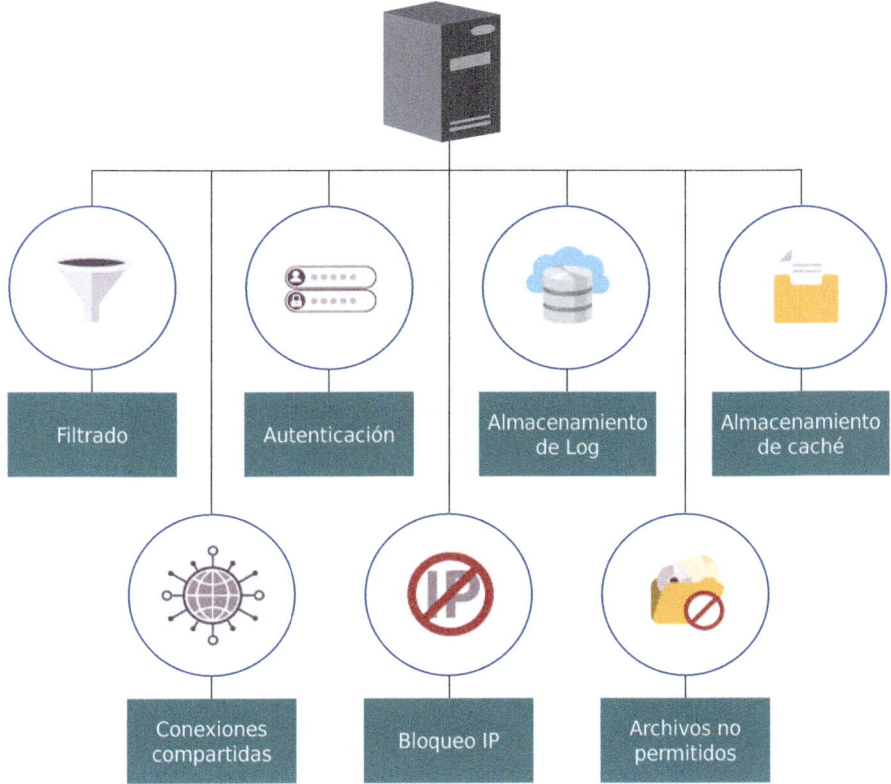

Existen muchos tipos de *proxys* y cada uno realiza unas funciones determinadas:

Proxy web
- Es el proxy que procesa las peticiones del cliente cuando intenta acceder a un sitio web. Es el que hemos explicado en el esquema anterior.

Proxy caché
- Realiza casi las mismas funciones que el *proxy* web. Hace caché de las páginas que ya ha visitado cualquier cliente para servirlas directamente de los archivos que tiene guardados. Evita realizar peticiones de contenido que ya tiene guardado en caché.

Proxy transparente
- Son *proxys* que no hay que configurarlos directamente en el navegador web. Estos se aplican a nivel de red y no hace falta configurar nada en el cliente. Normalmente los utilizan los ISP para el filtrado de webs, entre otras funcionalidades.

Proxy inverso
- Reliza la función de un *proxy* web pero de manera inversa. En este caso el *proxy* recibe todas las peticiones de muchos clientes y los entrega a un servidor. Se utiliza para proteger servidores web de ataques DDoS o hacer balanceos de carga, entre otras funciones.

Proxy NAT
- Es un *proxy* a nivel de capa OSI más bajo. Se utiliza básicamente para enmascarar, ocultar o cambiar las IP origen por una sola IP origen antes de realizar las peticiones.

Proxy abierto
- Este tipo de *proxys* está abierto a todo tipo de conexiones y cualquier usuario puede utilizarlo. Si utilizas un servicio así, puede que los servidores te bloqueen porque detecten que están realizando *spam*, ya que no controlan quién se conecta.

Ejercicios de autoevaluación
Unidad de Aprendizaje 2

1. La palabra exacta para describir un *proxy* sería...

   a. ... secundario.
   b. ... intermediario.
   c. ... primario.
   d. ... cliente.

2. ¿Cuál de los siguientes elementos no es un factor característico en un servidor *proxy*?

   a. Filtrado.
   b. Identificación.
   c. Bloqueo IP.
   d. Conexiones compartidas.

3. ¿Qué lugares visitan los usuarios? ¿Qué servicios obtienen de internet? ¿Qué ficheros se descargan? Toda esta información está disponible por el administrador de *proxy* si se configura correctamente. ¿A qué ventaja del uso de *proxy* se está refiriendo el enunciado?

   a. Filtrado
   b. Ahorro
   c. Control
   d. Anonimato

4. ¿Qué directiva de fichero debes utilizar para definir el puerto de escucha de un servidor *proxy* web *Squid?*

   a. https_port
   b. http_port
   c. ftp_port
   d. squid_port

5. En el contexto de un servidor *proxy* web, ¿quién va a buscar las páginas solicitadas?

    a. El propio servidor externo.
    b. El propio cliente.
    c. El servidor *proxy*/caché.
    d. El *router.*

6. ¿Cuáles son los principales inconvenientes del uso de un *proxy* web?

    a. Búsqueda de los servicios web.
    b. No tiene inconvenientes.
    c. Configurar el *proxy* y que falle el *proxy.*
    d. Configurar el *proxy* y que falle el *proxy* y necesidad de un administrador.

7. ¿Quién resuelve la petición de página web en un sistema con *proxy* inverso?

    a. La resuelve el navegador.
    b. La resuelve el servidor *proxy* inverso.
    c. La resuelven los servidores internos con los que se comunica el servidor *proxy* inverso.
    d. La resuelve el cliente.

8. ¿En qué consiste NAT?

    a. Es una técnica mediante la cual las direcciones IP de origen y destino en una comunicación son reescritas o sustituidas por otras.
    b. Es la traducción de dirección web.
    c. Es una técnica mediante la cual las direcciones URL de origen y destino en una comunicación son reescritas o sustituidas por otras.
    d. Todas las opciones son incorrectas.

9. Un *proxy* abierto se caracteriza por...

    a. ... ser gratuito.
    b. ... ser anónimo.

c. ... encontrarse dentro de la red que solicita la conexión.

d. ... encontrarse fuera de la red que solicita la conexión.

10. ¿Por qué es necesario un tipo de *proxy Cross-Domain*?

a. Porque ciertas tecnologías tienen restricciones para establecer una comunicación entre elementos localizados en distintos dominios.

b. Porque existe escenarios en los que no se puede establecer comunicación entre elementos de la misma red.

c. Porque dos servidores *proxy* no pueden pertenecer al mismo dominio.

d. Porque el *proxy Cross-Domain* permite que todos los equipos accedan al mismo servidor externo.

Internet Information Server

Contenido

Objetivos

El objetivo general de esta Unidad de Aprendizaje es:

→ Conocer el origen y evolución de la herramienta que *Microsoft* pone a disposición del usuario para convertir un equipo en servidor web.

El objetivo específico de esta Unidad de Aprendizaje es:

→ Instalar *IIS* en un equipo con SO *Windows 11*.

1. Introducción

Internet se ha ido convirtiendo en un fenómeno social, cultural y comunicacional que, por sí solo, ha provocado cambios en las pautas de comportamiento de las personas. Por lo tanto, como muchas disciplinas que tienen que ver con las comunicaciones e interacciones entre personas, también ha sufrido una evolución natural adaptándose a estas nuevas formas de comportamiento.

Las empresas, como entes que necesitan de los comportamientos humanos para alcanzar sus objetivos, intentan aprovechar estos cambios usando internet como la herramienta perfecta para llegar a ellos.

Por otro lado, internet permite a las empresas mantenerse activas incluso cuando acaba la jornada laboral, compartiendo información, organizando tareas o comprando y vendiendo en cualquier parte del mundo. Pero para compartir y beneficiarse de todo el potencial de internet, la empresa necesita una mínima infraestructura informática.

Hoy en día, muchas empresas prefieren mantener servidores propios para alojar sus contenidos y ofrecer servicios personalizados a sus clientes. Sin embargo, esto no ha sido posible hasta que *Microsoft,* y otras compañías, han proporcionado las herramientas adecuadas a las empresas. *IIS (Internet Information Services)* ha evolucionado desde su origen para ofrecer una herramienta que permita a las empresas construir puentes hacia las personas.

Sergio dirige una empresa que factura a nivel nacional por encargos. Sin embargo, nunca ha tenido presencia en internet y ya va siendo hora de que expanda su negocio para alcanzar otros públicos objetivo. Para ello, desea utilizar la nueva versión *IIS* que pone a disposición *Microsoft.*

2. Historia

 HILO CONDUCTOR

Sergio va a conocer un poco el origen de *IIS* antes de ponerse manos a la obra con la instalación y configuración de toda la infraestructura, ya que desconoce cuál fue la motivación principal para su desarrollo.

Con la llegada al mercado de *Windows NT,* que fue lanzado el 30 de mayo de 1995, *Microsoft* proporcionó a su línea de productos muchas **nuevas capacidades,** pero una de las más importantes fue la posibilidad de **dar soporte a operaciones cliente/servidor.** Esta funcionalidad abrió un abanico muy grande de opciones para permitir la configuración e instalación de nuevos **servicios remotos** y facilitó las tareas administrativas al usuario final.

Windows NT estaba orientado al mundo empresarial y a la administración de redes, y pronto *Microsoft* se dio cuenta de que necesitaba proporcionar herramientas de administración para internet. Este es el momento en el que nace **IIS (Internet Information Services),** como un conjunto de servicios que permitía a un administrador de red **publicar páginas web de forma local o remota para que otros pudieran acceder a ella.** Estos servicios se proporcionaron en el *Service Pack 3* de *Windows NT 3.51.*

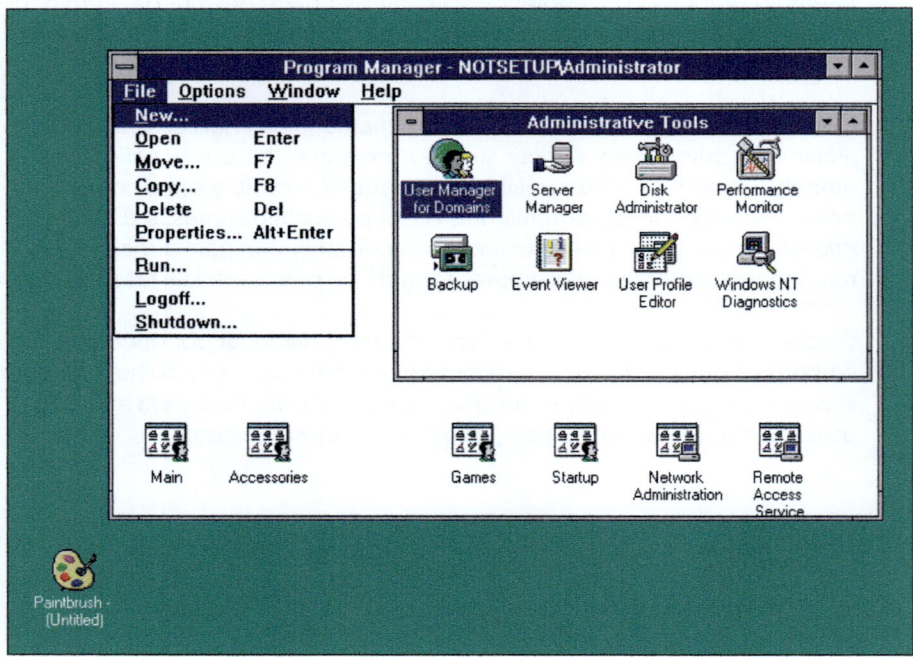

Primera versión de IIS que aparece en Windows NT 3.5

Por lo tanto, *IIS* proporciona **herramientas** y **funciones** que permiten **administrar** de forma sencilla e intuitiva **un servidor web en un sistema operativo de *Microsoft.*** Desde el inicio, su arquitectura se basó en **módulos,** de forma que ampliar sus funcionalidades era muy sencillo. Además, estos módulos estaban agrupados en **contenedores de servicios** que se podían activar y desactivar desde el panel de control de *Windows NT*.

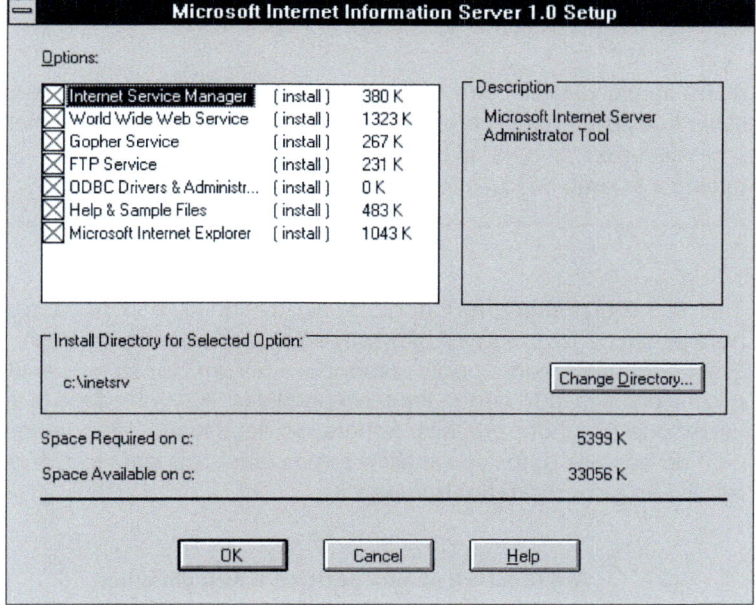

Instalación basada en servicios

IIS 1.0 también proporcionaba servicios para la transferencia de ficheros entre servidores remotos (FTP), **servicios** *Gopher* y herramientas para acceso a información alojada en bases de datos (ODBC). Y, por supuesto, iba acompañada de *Microsoft Internet Explorer* como navegador por defecto.

 **DEFINICIÓN**

Gopher

Es un servicio alternativo a la web. Permite navegar entre la información organizada en forma de árbol, donde dicha información se distribuye en nodos-menús y nodos-hoja.

2.1. Evolución

 HILO CONDUCTOR

Ahora Sergio ya sabe cómo surgió *IIS* y qué necesidades cubre. Pero sigue sin saber qué posibilidades o capacidades puede aprovechar de esta herramienta. A continuación, se hará un breve resumen de cómo ha evolucionado la herramienta a lo largo de los años.

Tras *IIS 1.0*, el primer gran cambio se alcanza en la versión 3.0, la cual incorpora el uso de tecnología **ASP** *(Active Server Pages).* Hasta ese momento, el servidor únicamente podía responder a las peticiones web enviando una página estática (con información sin procesar). ASP introduce la importante capacidad de poder procesar la petición del usuario, obteniendo información de base de datos y usando la lógica necesaria para responder con un **resultado generado dinámicamente.**

Arquitectura de una petición a web dinámica

El Servidor procesa los contenidos del **ASP** para generar contenidos en forma dinámica y temporal para el usuario.

El usuario solicita un documento **ASP** desde su navegador.

La comunicación hacia el servidor se da por medio de la web

Archivo ASP alojado en el servidor

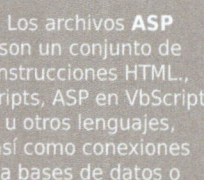

Los archivos **ASP** son un conjunto de instrucciones HTML., Scripts, ASP en VbScript u otros lenguajes, así como conexiones a bases de datos o componentes.

Por resultado obtiene un documento estático como cualquier otro HTML que fue generado en el servidor gracias al **ASP.**

Sin embargo, los continuos problemas de seguridad de *IIS* no cesaban y le hacían una utilidad muy poco seria y peligrosa en un internet que empezaba a ser objetivo de grupos con intereses malintencionados.

Microsoft Windows Server 2003 introduce **IIS 6,** que se puede considerar como la versión de *IIS* más antigua que tendría sentido utilizar para un servidor actual, manteniendo unos niveles adecuados de seguridad. Entre sus múltiples capacidades aparece la posibilidad de **soportar Ipv6 en las peticiones web.**

Algunos conceptos son comunes entre todas las versiones de *IIS,* o bien han cambiado ligeramente, pero siguen siendo parte del funcionamiento de un servidor web. El concepto de **directorio virtual** *(virtual directory)* es quizá el más importante.

IIS nos permite **crear sitios web, aplicaciones y espacios de alojamiento** (directorios virtuales) donde **compartir la información** que los usuarios pueden visualizar en sus navegadores web, bien sea a través de la propia **red interna o en otra red privada** como la de nuestro hogar. Sin embargo, la idea de un sitio compartido ha cambiado a lo largo de las diferentes versiones de *IIS.*

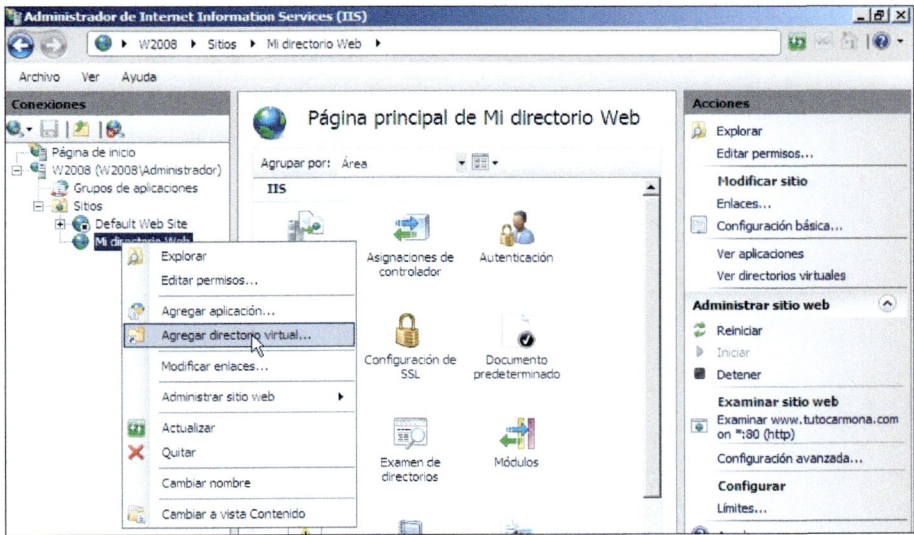

Cómo agregar directorios virtuales desde el panel de control de IIS

Un *virtual directory* es un alias que especificamos en *IIS* para mapear una dirección física o ubicación concreta en el servidor, es algo similar a lo que ocurre cuando resolvemos una dirección IP a partir de una dirección web. El nombre del directorio nos permite navegar por toda la aplicación o sitio web ganando acceso al contenido alojado en la ubicación correspondiente. El contenido puede ser vídeo, audio, texto, etc.

En *IIS 6.0* este concepto se separó en dos. A partir de este momento, se consideró a las aplicaciones web como objetos separados de un directorio virtual. Se creó el concepto de contenedor de aplicación, donde se ejecutaba la aplicación web y que permitía que no pudiera interferir en otras aplicaciones web que corrían en el mismo servidor bajo otro contenedor.

Estos conceptos volvieron a evolucionar con **IIS 7.0** y se mantienen hasta la actualidad. Tanto los directorios virtuales como las aplicaciones siguen siendo conceptos separados, pero es posible establecer una jerarquía tal que **un sitio web puede permitir varias aplicaciones,** y estas, a su vez, incluir **uno o varios directorios virtuales mapeados en ubicaciones diferentes dentro del servidor.**

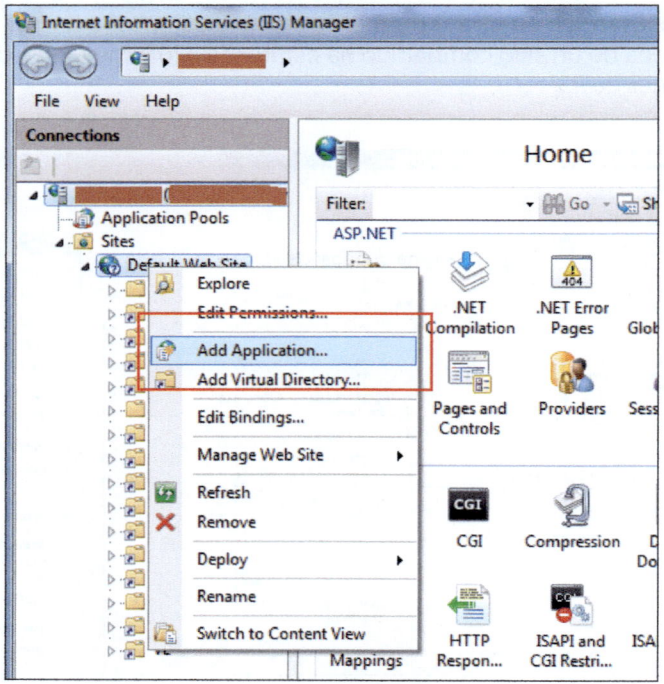

Cómo agregar directorios virtuales desde el panel de control de IIS

IIS 8.0 aparece en *Windows Server 2012* y es, por ello, denominado también **Microsoft Web Server 2012.** Añade **soporte para SNI** y **escalado de multinúcleo.** Las novedades más importantes son las siguientes:

CPU *throttling*
- En versiones anteriores, cuando una aplicación o sitio web excedía el consumo de CPU, provocaba el bloqueo del servidor web para las demás aplicaciones y sitios web. En esta versión **se limita el uso de la CPU, la memoria y el ancho de banda** para el grupo de aplicaciones *(Pool Aplications)*, de forma que no interfiera en los demás grupos de aplicaciones.

Gestión SSL
- Se ha mejorado la gestión que se hacía sobre los certificados SSL. Ahora la gestión de los certificados queda más **centralizada** y **escalable.** Antes, había que importar cada certificado en cada instancia de *IIS*. *IIS 8* define un espacio de almacenamiento y gestión único para todas las instancias conocido como *Central Certificate Store (CCS)*. De esta forma, podemos **gestionar los certificados de todos los servidores** y a**sociar el nombre de un fichero de certificado a un dominio completo.**

Restricciones IP
- *IIS* ahora bloquea el acceso de direcciones IP que realizan un determinado número de peticiones en un periodo de tiempo establecido, o cuando realizan demasiadas peticiones simultáneas.

Websockets
- Por la naturaleza de HTTP, no es posible mantener abierta una conexión indefinidamente entre el cliente y el servidor. *IIS 8* permite *Websockets* para resolver este problema.

 **VÍDEO**

Visualiza el siguiente vídeo para conocer cómo trabajan los *Websockets:*

https://redirectoronline.com/ifcm004po0301

ACTIVIDAD COMPLEMENTARIA

5. Investiga en Internet cuál ha sido a lo largo de los últimos años el ratio de empresas que han apostado por IIS como servidor web.

¿Ha aumentado o disminuido? ¿A qué puede deberse?

Con el lanzamiento de *Windows Server 2016* se lanzó **IIS 10.0**. Sus características eran las siguientes::

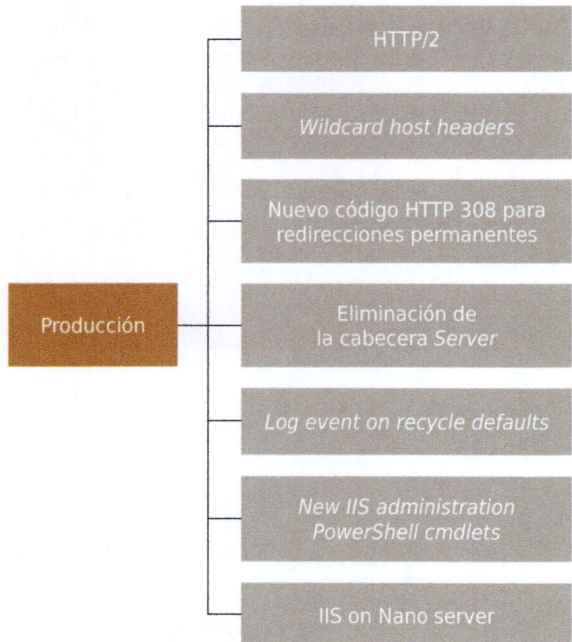

 **NOTA**

En el siguiente vídeo puedes ver cómo se instala *IIS* en un sistema operativo *Windows 11:*

Continúa en página siguiente >>

<< Viene de página anterior

https://redirectoronline.com/ifcm004po0306

2.2. Versiones

 **HILO CONDUCTOR**

Sergio ya conoce de lo que es capaz usando *IIS*. Sin embargo, sabe que existen diferentes versiones de la herramienta en función de su objetivo. Necesita saber cuáles son las diferencias entre las versiones para garantizar una buena elección.

Desde el origen de *IIS,* cada vez que *Microsoft* ha lanzado un nuevo sistema operativo ha incorporado una nueva versión de *IIS.* La tabla siguiente sirve para conocer qué versión de *IIS* tenemos instalada en función del sistema operativo *Windows Server:*

IIS 1.0	*Windows NT 3.51*
IIS 2.0	*Windows NT 4.0*
IIS 3.0	*Windows NT 4.0 SP3*
IIS 4.0	*Windows NT 4.0 Option Pack*
IIS 5.0	*Windows 2000*
IIS 5.1	*Windows XP Professional x32*
IIS 6.0	*Windows Server 2003 / Windows Server 2003 R2 / Windows XP Professional x64*

Continúa en página siguiente >>

<< Viene de página anterior

IIS 7.0	*Windows Server 2008 / Windows Vista*
IIS 7.5	*Windows Server 2008 R2 / Windows 7*
IIS 8.0	*Windows Server 2012 / Windows 8*
IIS 8.5	*Windows Server 2012 R2 / Windows 8.1*
IIS 10.0	*Windows Server 2016 / Windows 10*
IIS 10.0	*Windows Server 2019 / Windows 10*
IIS 10.0	*Windows Server 2022 / Windows 10*
IIS 10.0	*Windows Server 2022 / Windows 11*

IIS 10.0 es la última versión y viene por defecto como componente para activar en *Windows Server* y *Windows 11.* No existen diferentes versiones o ediciones de IIS 10.0. Posee las mismas funcionalidades en *Windows* y *Windows Server.*

 ## PARA SABER MÁS

Podemos saber la versión de *IIS* que tenemos instalada realizando el procedimiento siguiente:

Abrimos la consola GUI, ejecutando:

%windir%\system32\inetsrv\InetMgr.exe

Nos dirigimos al menú de "Ayuda" y pulsamos sobre "Acerca de *Internet Information Services*".

A continuación, aparecerá una ventana donde veremos la versión:

Continúa en página siguiente >>

<< Viene de página anterior

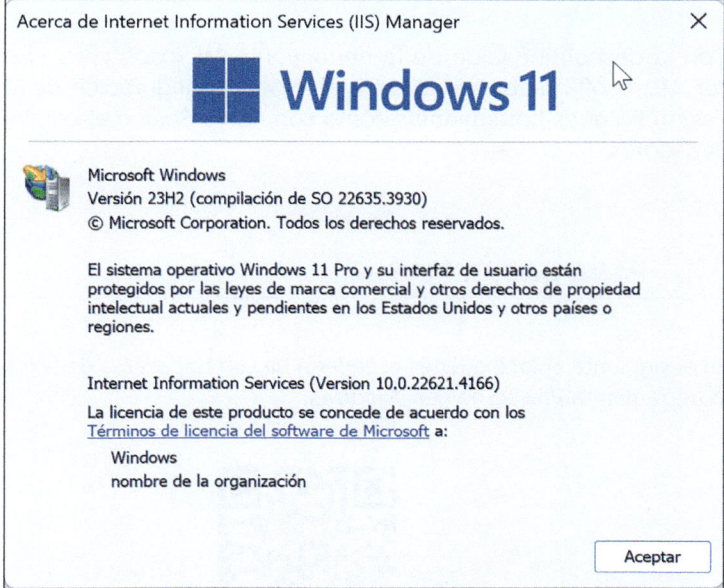

3. *Microsoft Web Platform Installer*

☞ HILO CONDUCTOR

Sergio va a proceder a la instalación de *IIS* en un servidor de prueba de la empresa. Sabe que *Microsoft* pone a disposición múltiples herramientas para facilitar la instalación y configuración de muchos de los servicios y utilidades basados en la web.

Existen varias formas de instalar los productos de *Microsoft,* e *IIS* no es una excepción. Por lo general, tanto *Windows* en sus versiones profesionales como *Windows Server* lo incorporan como componente. Para utilizarlo se puede activar desde el panel de control. Hasta el año 2022, Microsoft ponía a disposición de los usuarios su aplicación *Microsoft Web Platform Installer,* fecha a partir de la cual dejó de ofrecer soporte técnico oficial y de publicar actualizaciones de la herramienta.

Microsoft Web Platform Installer era una utilidad de *Microsoft* que permitía instalar productos web **open source** desarrollados para *Windows*.

Con la descontinuación de la herramienta *Microsoft Web Platform Installer,* Microsoft no abandonó la instalación y configuración de IIS, sino que desarrolló otras herramientas como son *PowerShell* o el administrador de Servidores.

 ## PARA SABER MÁS

En el siguiente enlace puedes acceder a un tutorial acerca de la instalación de la herramienta *PowerShell* en Windows.:

https://redirectoronline.com/ifcm004po0302

Actualmente, la forma más rápida de instalar IIS en *Windows* es a través del panel de control, desde el apartado de "activar o desactivar características", ya que las versiones más recientes de *Windows* ya lo incorporan como un componente de preinstalado.

A continuación, instalaremos **IIS** *en un equipo con la versión 11 de Windows.* Para ello, seguiremos los siguientes pasos:

Paso 1

Primero, accedemos al panel de control y una vez dentro, nos dirigiremos a la sección "Programas y características":

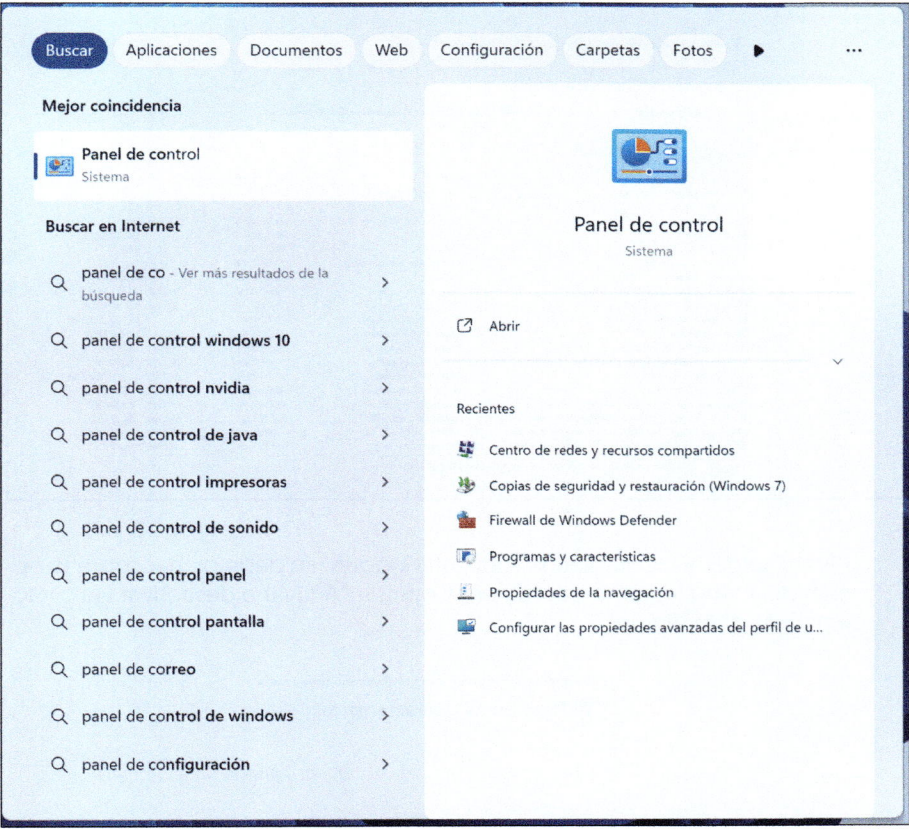

Paso 2

A continuación, aparecerá un listado con los programas que se encuentran instalados en el equipo, la fecha en la que se instaló y el espacio que ocupa en el disco.

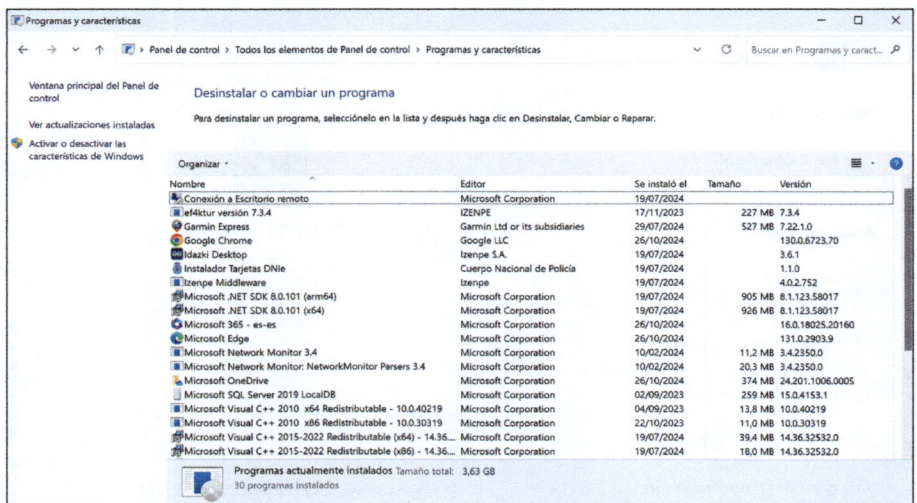

Para acceder a las características de *Windows,* se debe pichar sobre la opción del menú lateral izquierdo en la opción "Activar o desactivar las características de *Windows*".

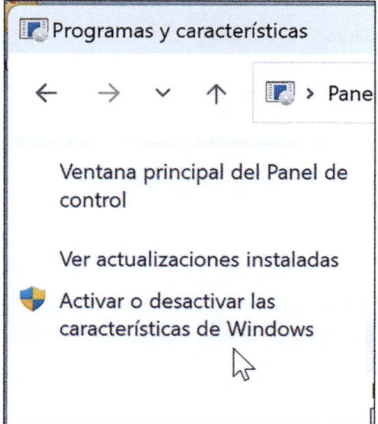

En la siguiente ventana aparecerá un listado con las características que se pueden instalar en *Windows.* Una de esas corresponde al componente IIS. Para realizar una instalación básica solo hace falta marcar la caja "Internet Information Services" y pulsar en el botón **Aceptar.**

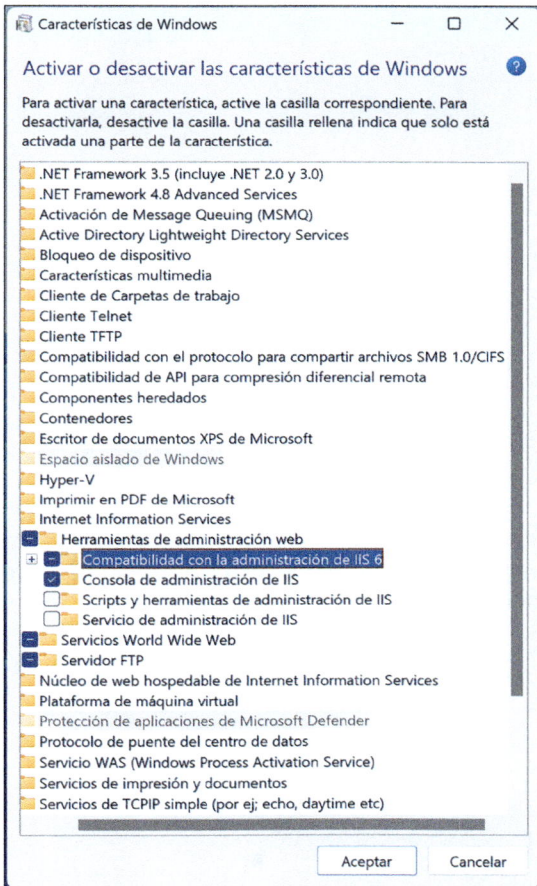

_____

Paso 3

Finalmente, aparecerá una ventana con una barra de progreso indicando que se están instalando las características seleccionadas y finalizará la instalación:

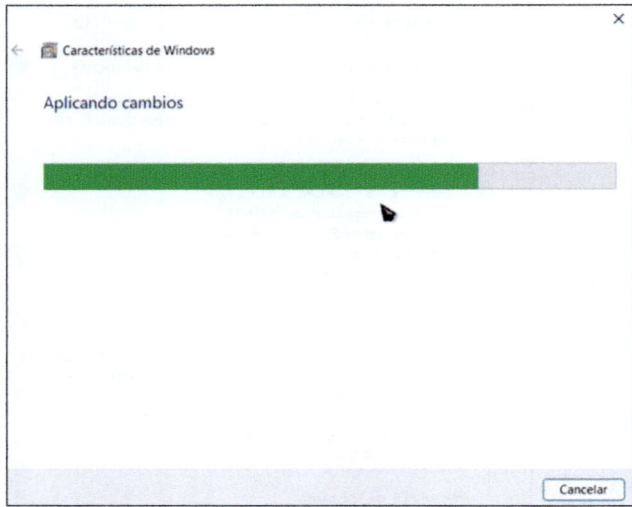

La siguiente ventana indica que se ha instalado IIS correctamente y que se debe reiniciar el sistema para que todos los cambios se vean reflejados.

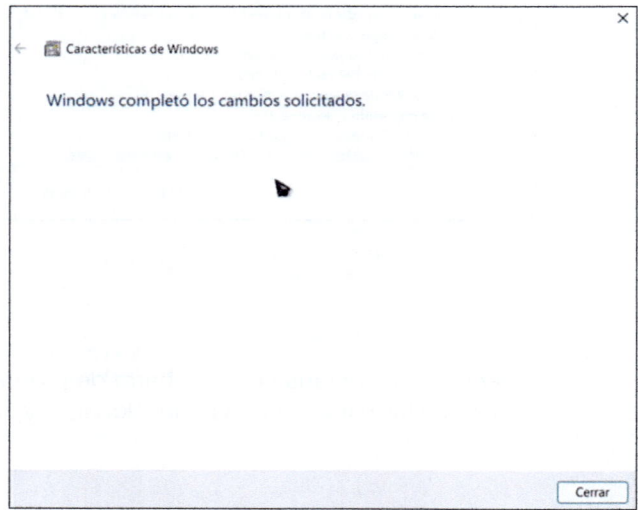

A partir de ahora, IIS se encuentra instalado y operativo para recibir las peticiones HTTP desde la web. Podemos comprobarlo abriendo el navegador y escribiendo en la barra de direcciones: http://localhost. Si todo ha ido correcto, debe aparecer el siguiente contenido:

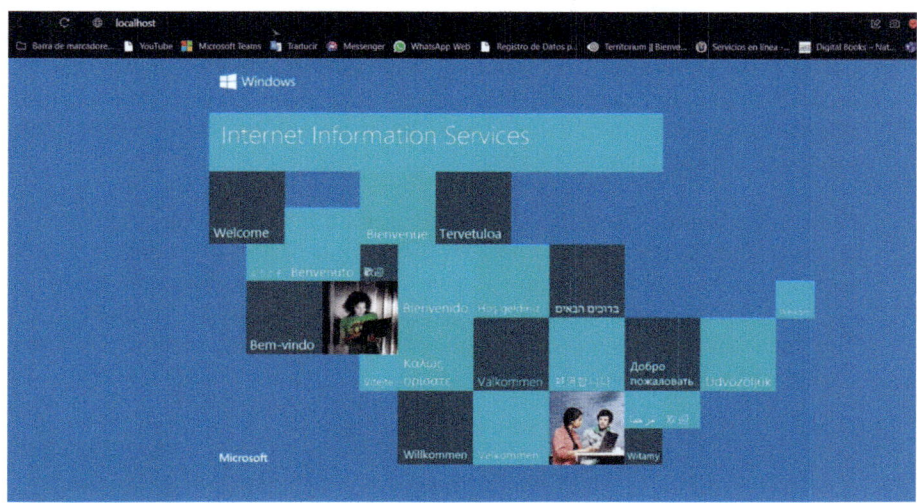

 **TAREA 3**

En nuestra empresa se ha incorporado un nuevo grupo de trabajo especializado en tareas de *marketing* y comercio. La infraestructura de la que dispondrá es acceso total a los sistemas de información con datos relevantes sobre clientes y productos. Además, el propio departamento compartirá entre sus componentes un dispositivo de almacenamiento en red donde almacenará información relevante para sus tareas.

El administrador de sistemas debe preparar y configurar un entorno para el despliegue de un servidor web donde se alojará nuestra página web y la información que estará accesible desde internet. Siguiendo los pasos que ya hemos descrito en la unidad, elabora una guía de instalación de *IIS* para cualquier servidor *Windows* lo más completa posible, usando las herramientas necesarias y buscando varias alternativas de instalación en la web.

4. Resumen

Cualquier empresa que valore sus activos necesita de herramientas y mecanismos para darlos a conocer. Y como no puede ser de otro modo, internet es la piedra angular para conseguirlo.

IIS ha evolucionado desde su origen para ofrecer un producto de muy alta calidad que intenta cubrir el amplio y heterogéneo espectro de negocios y mercados actuales. Para ello, ofrece capacidades que no ofrecen otros productos similares, e integrándolo todo ello en un entorno de administración escalable y de alta disponibilidad.

Desde que apareciera ***IIS 1.0* hasta el actual *IIS 10.0*** han pasado dos décadas. *IIS* se ha sofisticado hasta tal punto que ofrece un **número de capacidades muy elevado** con respecto a la primera versión que apareció en 1995. Sin embargo, a pesar del tiempo, la esencia de *IIS* y su objetivo no han cambiado ni un ápice: ofrecer un entorno que permita la publicación de información en internet.

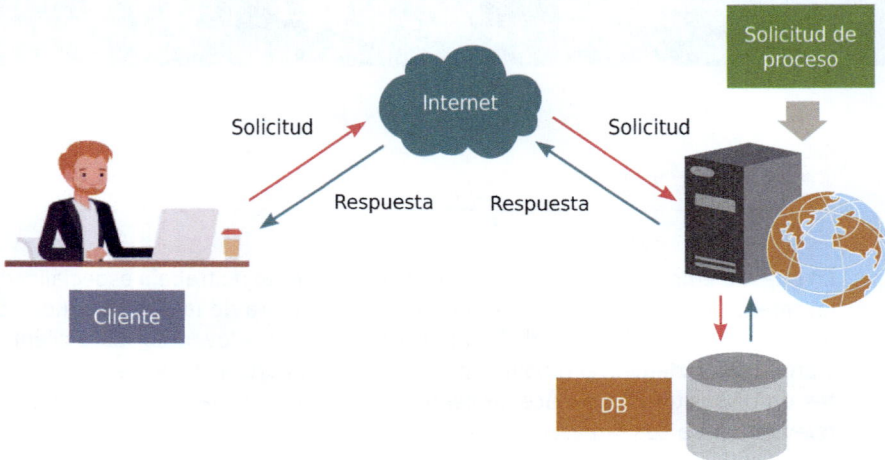

Para reducir los obstáculos que suponen la instalación y configuración de un servidor web para el usuario medio, *Microsoft* intenta proporcionar herramientas versátiles y de fácil uso que permitan disponer de un entorno configurado con pocos clics de ratón. Las soluciones propuestas son las aplicaciones *PowerShell* y o el administrador de servidores.

Ejercicios de autoevaluación
Unidad de Aprendizaje 3

1. La primera versión de *Internet Information Services* apareció para el sistema operativo...

    a. ... *Windows 3.5.*
    b. ... *Windows NT.*
    c. ... *Windows 2000.*
    d. ... *Windows XP.*

2. Señala falso o verdadero en las siguientes sentencias:

    a. *Internet Information Services* se puede definir como un conjunto de herramientas.

        ■ Verdadero
        ■ Falso

    b. *Internet Information Services* se puede definir como un conjunto de servicios.

        ■ Verdadero
        ■ Falso

    c. ASP es una tecnología que introduce la generación dinámica de documentos.

        ■ Verdadero
        ■ Falso

    d. *IIS* es capaz de bloquear el acceso a direcciones IP que realizan un determinado número de peticiones en un tiempo establecido.

        ■ Verdadero
        ■ Falso

3. Una de las novedades importantes que trajo consigo el lanzamiento de *IIS 3.0* fue:

    a. No hubo grandes cambios.
    b. La generación de páginas web estáticas.
    c. La generación de páginas web dinámicas.
    d. El soporte multinúcleo.

4. *IIS 6.0* supuso un antes y un después en relación a la

    a. ... modularización.
    b. ... seguridad.
    c. ... autenticación.
    d. ... eficiencia.

5. ¿Cuál de las siguientes novedades nunca se incluyeron en *IIS 8*?

    a. *CPU Throttling.*
    b. *Gestión SSL.*
    c. *Sockets.*
    d. *Websockets.*

6. Los *Websockets* fueron un importante avance para permitir:

    a. Conexiones de varios hilos de ejecución.
    b. Conexiones multinúcleo para cliente y servidor.
    c. Conexiones múltiples entre cliente y servidor.
    d. Conexiones permanentes entre cliente y servidor.

7. *IIS 10* fue lanzado al mercado junto al sistema operativo:

    a. *Windows XP.*
    b. *Windows 7.*
    c. *Windows 10.*
    d. Todas las opciones son incorrectas.

8. ¿Qué aplicaciones han sustituido a *Microsoft Web Platform Installer?*

    a. PowerShell o el Administrador de Servidores entre otras.
    b. Los productos de ofimática.
    c. Los productos para el desarrollo de API generales.
    d. Los productos para el desarrollo de API y *frameworks.*

9. Selecciona falso o verdadero en las siguientes sentencias:

    a. HTTP/2 permite el mismo tipo de conexiones que HTTP/1.

        ◼ Verdadero
        ◼ Falso

    b. En HTTP/2 una conexión persistente puede ser utilizada para servir múltiples peticiones simultáneas.

        ◼ Verdadero
        ◼ Falso

    c. HTTP/2 no admite conexiones múltiples, pero sí simultáneas.

        ◼ Verdadero
        ◼ Falso

    d. HTTP/2 introduce a nivel de proceso características adicionales que mejoran la eficiencia de HTTP sobre la red.

        ◼ Verdadero
        ◼ Falso

10. ¿Qué evita la desactivación de la cabecera *Server* en las respuestas HTTP?

    a. Mostrar demasiada información al cliente de la conexión.
    b. Mostrar el estado de las conexiones HTTP al cliente.
    c. Mostrar información de almacenamiento local al cliente.
    d. No evita nada, es una directiva sin relevancia para las comunicaciones.

Exchange Server

Contenido

Objetivos

El objetivo general de esta Unidad de Aprendizaje es:

→ Conocer el origen y evolución de la herramienta que *Microsoft* pone a disposición del usuario para convertir un equipo en servidor de correo electrónico.

Los objetivos específicos de esta Unidad de Aprendizaje son:

→ Conocer la funcionalidad básica de *Microsoft Exchange Server*.

→ Distinguir los pasos a realizar para la instalación y configuración de una versión de *Microsoft Exchange Server*.

→ Detallar aspectos críticos de la configuración de *Microsoft Exchange Server*.

1. Introducción

La manera de trabajar en las empresas ha cambiado radicalmente en los últimos años, y la causa es que se dispone de una cantidad importante de herramientas que permiten gestionar y optimizar los recursos internos de las mismas.

Un ejemplo bastante clarificador es el uso del correo electrónico. Pocas son las empresas de mediana a gran envergadura que no utilizan el correo electrónico como principal medio para organizar y comunicar el trabajo. *Microsoft* inició esta conversión hacia nuevas formas de afrontar el trabajo lanzando un producto especialmente desarrollado para ello: **Microsoft Exchange Server.**

Sin embargo, lejos de ser el elemento primordial, en sus primeros inicios hubo grandes dificultades para su uso, debido a que se precisaba disponer de un servidor completamente funcional solo para gestionar este servicio y no debía ser compartido con otras funciones como la gestión de bases de datos, por ejemplo, ya que la potencia de trabajo de entonces podía hacer disminuir el rendimiento de modo considerable.

Microsoft Exchange Server no solo ofrece un servicio de gestión del correo electrónico, sino que va mucho más allá, y el desconocimiento de todas las demás funciones y capacidades del producto hacen que muchos empresarios no vean necesario la inversión que supondría el mantenimiento e instalación de un servidor de estas características. Por el contrario, siempre se decantan por alternativas básicas de gestión, usando servicios POP/SMTP.

A partir de ahora, vamos a tomar como ejemplo el uso del correo electrónico en una empresa orientada al tratamiento de la información, como es la academia de formación en la que Sergio es el responsable de la configuración de redes y sistemas.

2. Historia

 HILO CONDUCTOR

Sergio va a aproximarse a la historia de la evolución del producto *Microsoft Exchange Server*, pues su jefe le ha recomendado su implantación en la

Continúa en página siguiente >>

<< Viene de página anterior

academia de formación. Según este, se reduciría el uso del papel y se llevaría un control más correcto y organizado de toda la información que se manipula diariamente en las oficinas y aulas.

El **primer *Microsoft Exchange Server*** (**versión 4.0**) fue lanzado en marzo de 1996. Sin embargo, *Microsoft* ya disponía de otras herramientas que realizaban tareas similares, como *Microsoft Mail v2.0,* el cual, a su vez, fue reemplazado en 1991 por *Microsoft Mail for PC Networks v2.1*. Por lo tanto, cuando se lanzó *Exchange Server* se hizo como una actualización de *Microsoft Mail 3.5,* pero era un producto totalmente nuevo.

Se trataba de un **sistema cliente/servidor** para el envío de correo basado en X.400, con una sola base de datos que también soportaba servicios de directorio X.500. Durante su desarrollo, *Microsoft* comenzó a migrar toda su información de correos electrónicos al sistema *Microsoft Exchange* y en el momento del lanzamiento, en 1996, ya contaba con 32.000 *mail boxes.*

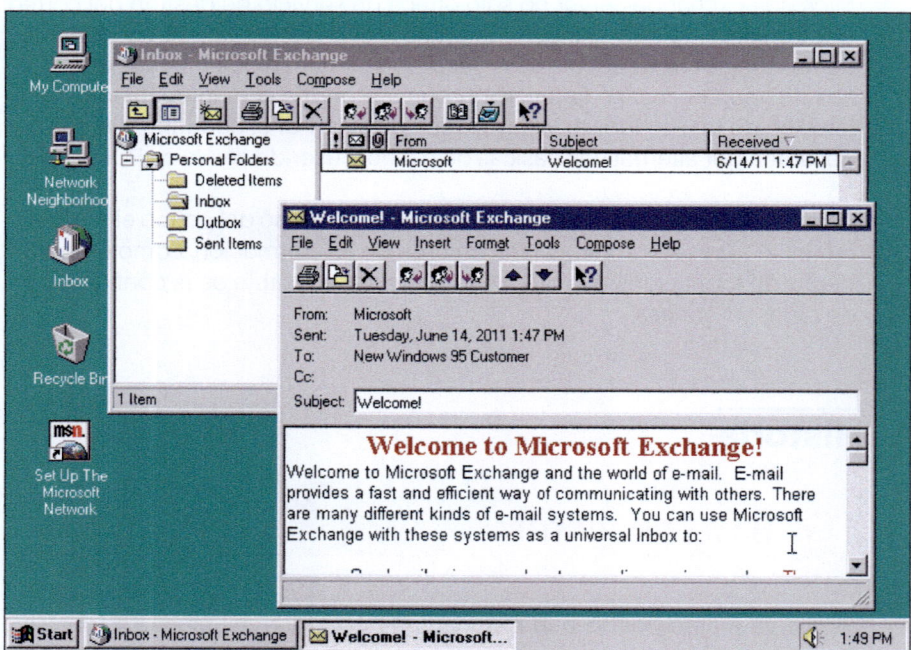

Primer Microsoft Exchange Server en funcionamiento en Windows NT

PARA SABER MÁS

En el siguiente vídeo te mostramos una breve introducción sobre *Microsoft Exchange Server,* sus versiones, roles y cómo nos podría ayudar en la empresa.

https://redirectoronline.com/ifcm004po0303

Microsoft Exchange Server 5.0 fue lanzado en 1997 sobre *Windows NT 4.0.* A la misma vez fue lanzado *MS Office 97,* que disponía de la **primera versión de Outlook.** Ambos programas empezaron a trabajar conjuntamente. Esta versión de *Exchange* gestionaba el *e-mail,* servicios de calendario y libreta de contactos.

Poco tiempo después apareció **Microsoft Exchange Server 5.5,** que mejoraba significativamente la integración entre las funciones de *e-mail,* calendario, contactos y tareas. Al mismo tiempo, proporcionaba una base de datos de hasta **16 GB,** una cantidad de memoria muy elevada para aquellos tiempos.

Microsoft Exchange Server 2000 fue lanzado para *Windows 2000* y, por primera vez, *Exchange* usaba el directorio activo del sistema operativo para almacenar los contactos e información de usuario. Permitía el acceso a los usuarios desde el directorio activo y los integraba con su *mail box.*

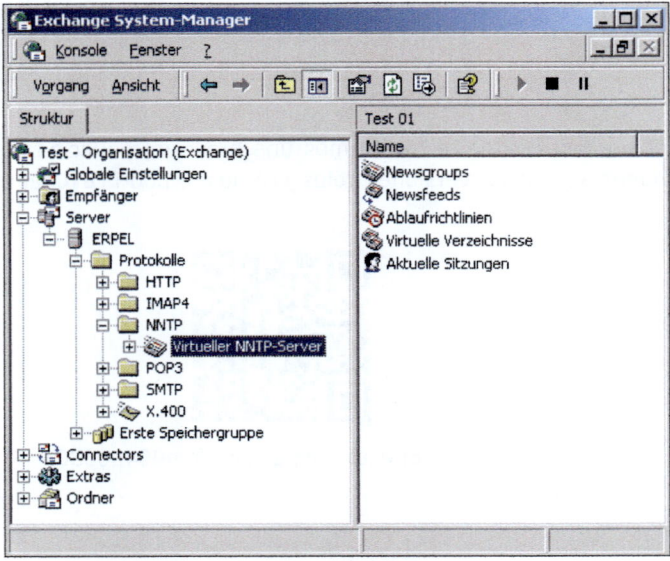

Panel de control de Microsoft Exchange Server 2000

SABÍAS QUE...

En un comunicado de *Microsoft,* este avisa de una vulnerabilidad en **Exchange 2000** que posibilita, mediante un mensaje mal construido —de forma temporal— una denegación de servicio del servidor de correo.

Debido a las exigencias de seguridad, *Microsoft Exchange 2003* fue el primero que permitió definir dos roles de uso para los usuarios:

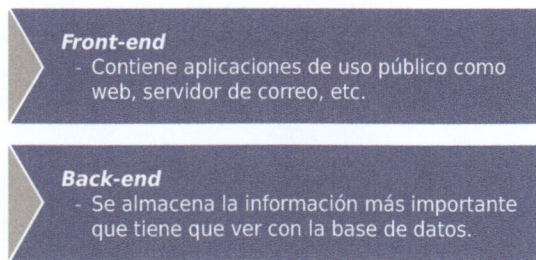

Front-end
- Contiene aplicaciones de uso público como web, servidor de correo, etc.

Back-end
- Se almacena la información más importante que tiene que ver con la base de datos.

Para una organización la seguridad lo es todo. Para tener acceso seguro desde el exterior lo normal es que se usen las **DMZ** (son zonas de la red que no se encuentran protegidas y con privilegios de acceso público), y, por supuesto, no se debe configurar un servidor *Microsoft Exchange* con sus buzones dentro de estas, ya que ningún usuario debería poder acceder desde la red interna (LAN) a la DMZ. Lo que se hace es crear uno o varios servidores **front-end** en la DMZ con *Microsoft Exchange,* solo para las conexiones desde el exterior; los usuarios desde fuera podrían ver el correo mediante **OWA** *(Outlook Web Access),* que es un acceso al correo vía web utilizando la herramienta *Outlook.* Por su parte, desde la LAN podremos acceder al servidor *back-end* de *Exchange* con toda la información de buzones y contactos.

En la siguiente imagen vas a ver un ejemplo del escenario que se ha comentado más arriba. En la zona desmilitarizada existe un *proxy* que se encarga de obtener las peticiones de OWA y devolverlas al servidor *front-end* de *Microsoft Exchange* para que los usuarios externos tengan acceso al correo, mientras que los usuarios internos acceden a los servidores *back-end* dentro de la red interna:

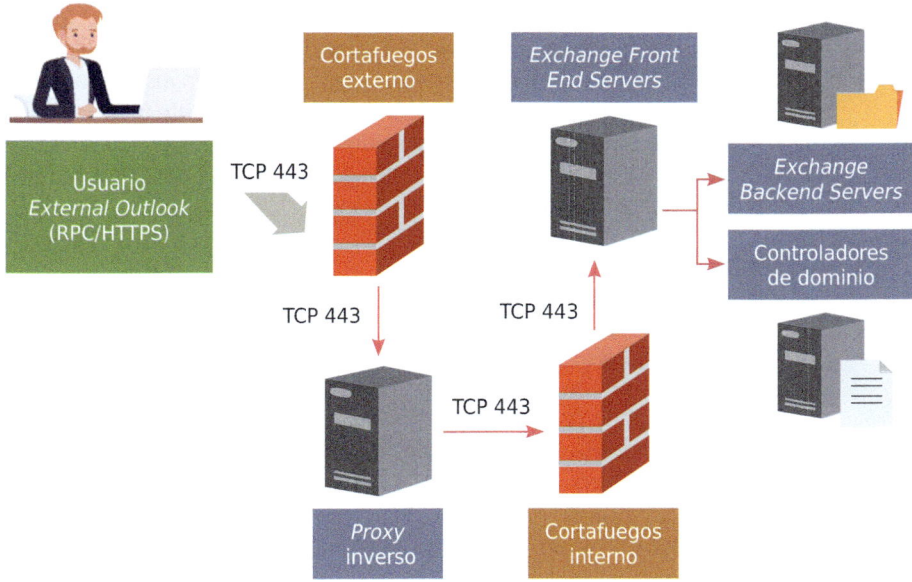

 **VÍDEO**

En el siguiente enlace podrás ver cómo se instala y configura *Microsoft Exchange Server 2003:*

https://redirectoronline.com/ifcm004po0304

Microsoft Exchange 2007 se lanzó en 2005 y algunas de las novedades que trajo consigo fueron:

- **5 roles:** *Microsoft Exchange Server 2007* introdujo el concepto de roles que se utilizan para controlar qué capacidades se podían instalar en una instancia del servidor. Este concepto mejoró enormemente la escalabilidad y seguridad, al mismo tiempo que consiguió simplificar la administración de un servidor *Microsoft Exchange Server*. *Microsoft Exchange Server 2007* definía 5 roles:

  - *Mailbox Role.*
  - *Client Access (CAS).*
  - *Hub Transport.*
  - *Unified Messaging.*
  - *Edge Transport.*

  Aunque la instalación mínima posible de *Microsoft Exchange* permitía activar únicamente 3 roles:

  - *Mailbox Role.*
  - *Client Access (CAS).*
  - *Hub Transport.*

- **Navegación simplificada:** ahora *Microsoft Exchange Server* viene con múltiples paneles para reducir la complejidad de los elementos dentro del entorno visual. Se pueden realizar filtrados sobre dichos elementos y ver sus propiedades con pocos clics de ratón.

La siguiente imagen muestra cómo en la ventana principal de *Microsoft Exchange* se han integrado las funciones principales de uso:

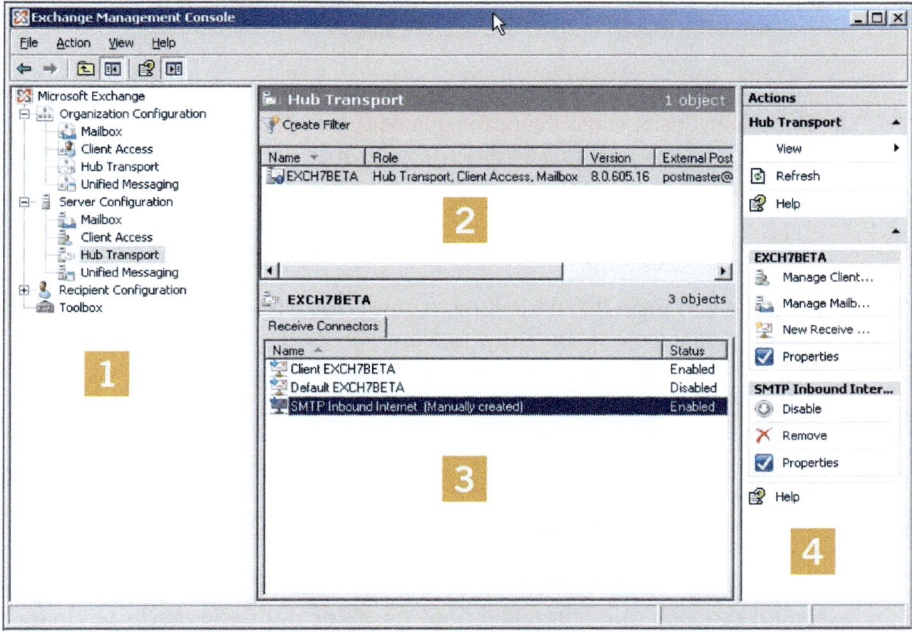

● **Mensajería unificada:** esta nueva característica permite acceder a los buzones desde cualquier sitio. Se mejora el soporte para *Microsoft Outlook* y *OWA*. Se permite la recepción de fax y acceso al calendario a través de llamadas desde cualquier teléfono. Además, algunas de las novedades para el lado del servidor son que todos los mensajes se almacenan en un solo buzón y existe una única infraestructura de directorio.

Sin embargo, al margen de estas novedades, *Microsoft Exchange Server 2007* se focalizó en el acceso desde cualquier parte a la información almacenada en sus bases de datos. Ahora es posible sincronizar los *e-mails,* calendarios, contactos y tareas con dispositivos *Windows Mobile,* y utilizando *ActiveSync* también con dispositivos que no son *Windows Mobile.*

Además, proporciona muchos servicios web entre los que destacan el **acceso a carpetas públicas** y **permisos** a nivel de carpeta.

La administración de buzones también se ha mejorado volviéndola **más estable** y admitiendo la creación de buzones de forma **masiva** para cuentas de usuario existentes.

ACTIVIDAD COMPLEMENTARIA

6. Elabora un dosier con la evolución que ha sufrido *Microsoft Exchange Server* en relación con el sistema de roles hasta la aparición de *Microsoft Exchange Server 2007*. Usa internet para documentarte.

- -

Microsoft Exchange 2010 fue lanzado en 2009 e impulsó la escalabilidad con funciones y mejoras para la alta disponibilidad, el almacenamiento y la movilidad.

Con esta versión, el administrador era capaz de automatizar la recuperación de la base de datos en caso de fallo. También se mejoró la administración desde una nueva interfaz como portal de autoservicio y control de acceso basado en roles (roles y grupos).

En la siguiente imagen puedes ver la **mejora de la escalabilidad;** ahora existe un proceso que conecta a base de datos por cada *mailbox,* de forma que, si el sistema se cuelga en alguno de ellos, no se ven afectados los demás:

Exchange Server 2010

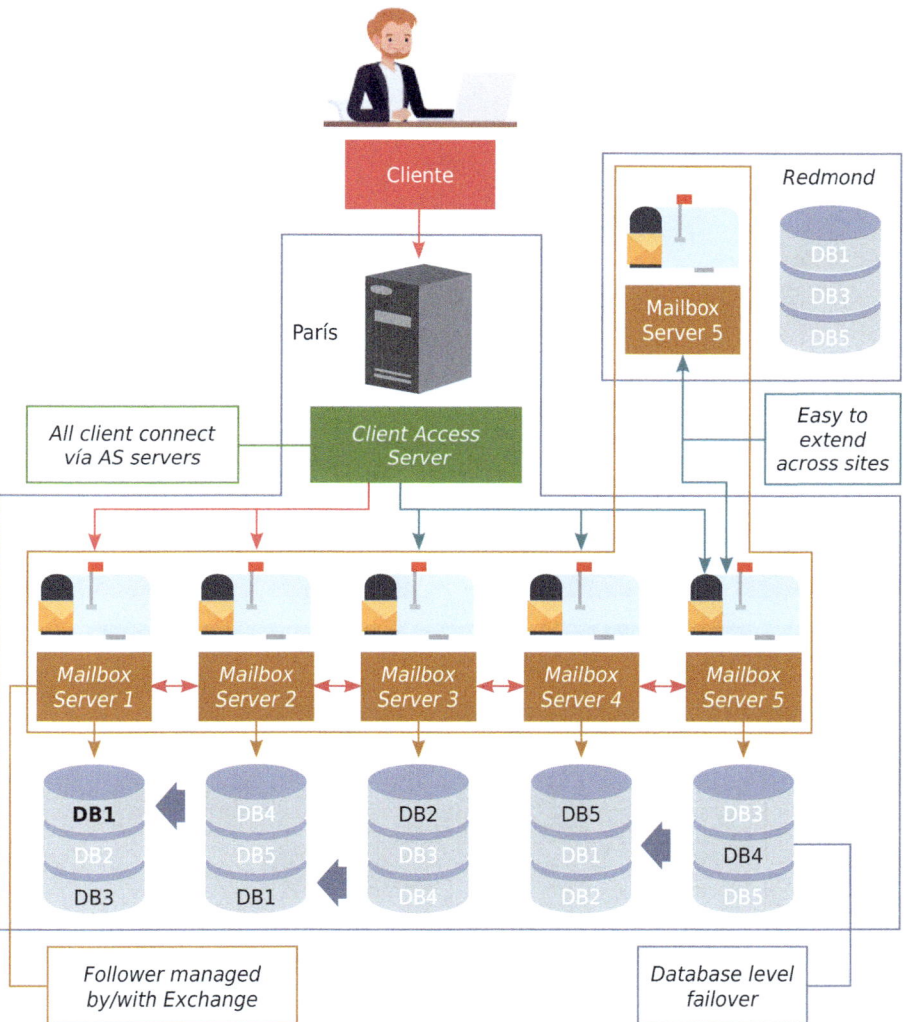

Microsoft Exchange 2013 supone cambios muy importantes hasta el momento: se reduce el número de roles a dos: *client access server* y *mailbox server*. Desaparece la consola de administración y pasa a ser una **consola de administración web (EAC)**. Las conexiones desde cliente *Outlook* pasan a ser RPC (llamadas a procedimientos remotos) sobre HTTPS.

También se mejoran las búsquedas, se hacen más eficientes. Se reducen los tiempos de **failover** a 30 segundos. A partir de ahora, cada base de datos posee un par de procesos asociados, de forma que, si un proceso falla, no se ven afectadas las demás bases de datos. También incluye la posibilidad de usar **OWA.**

DEFINICIÓN

Failover
Tiempo de caída de base de datos.

En la siguiente imagen se muestra la ventana principal de *Microsoft Exchange Server 2013:*

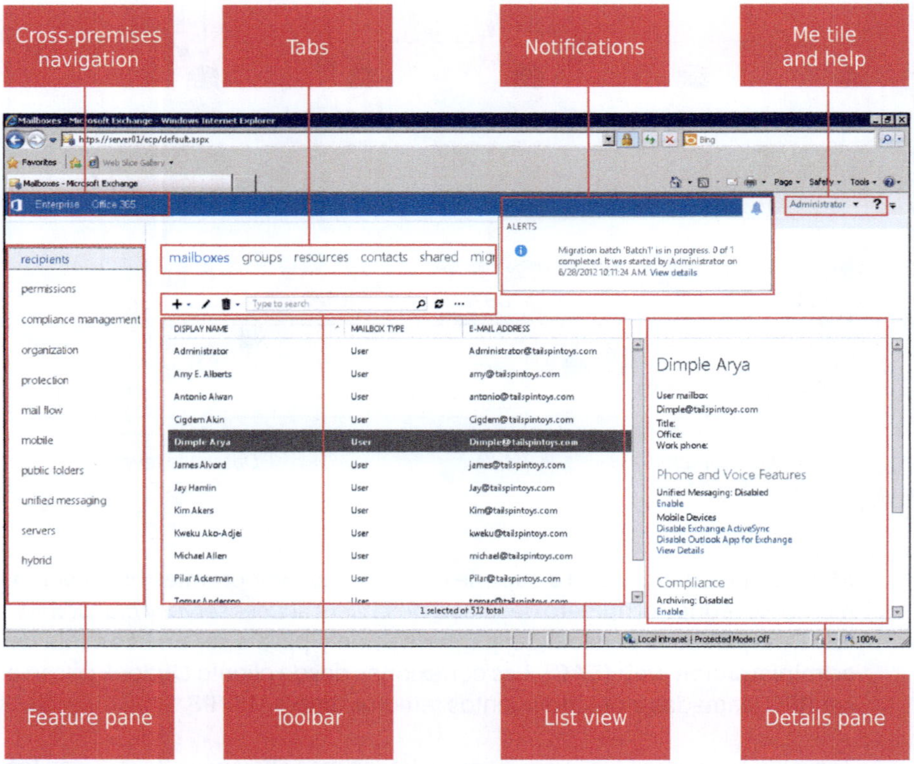

Consola de administración EAC de Microsoft Exchange Server 2013

Microsoft Exchange 2016 sigue introduciendo cambios en la arquitectura. Ahora se encuentra diseñado en forma de bloque, de manera que un solo rol manejará la capa de acceso al cliente, base de datos, etc. El objetivo es **simplificar** las infraestructuras de mensajería para **reducir costos** de *hardware*.

Además, introduce dos mejoras en el DAG:

> No requiere utilizar una IP específica, no existirá punto de acceso a la administración del *cluster* de alta disponibilidad.

> Mejora los tiempos de conmutación en un 33 %.

DEFINICIÓN

DAG *(Database Availability Group)*
Capacidad que aparece por primera vez en *Microsoft Exchange Server 2010* para soportar el mantenimiento de hasta 16 servidores con el rol de *mailbox server* y que proporciona un sistema de recuperación cuando se producen fallos a nivel de base de datos.

También permite la conexión de forma nativa a *Outlook* mediante el protocolo MAPI/HTTP.

En la siguiente imagen se puede ver el entorno de red de un sistema basado en *Microsoft Exchange Server* donde se dispone un *back-end* con los buzones de correo dentro de la red interna, una capa que sirve de equilibrador de carga para los servidores y un servidor o *proxy* inverso entre los cortafuegos:

Arquitectura de *Microsoft Exchange Server* 2016

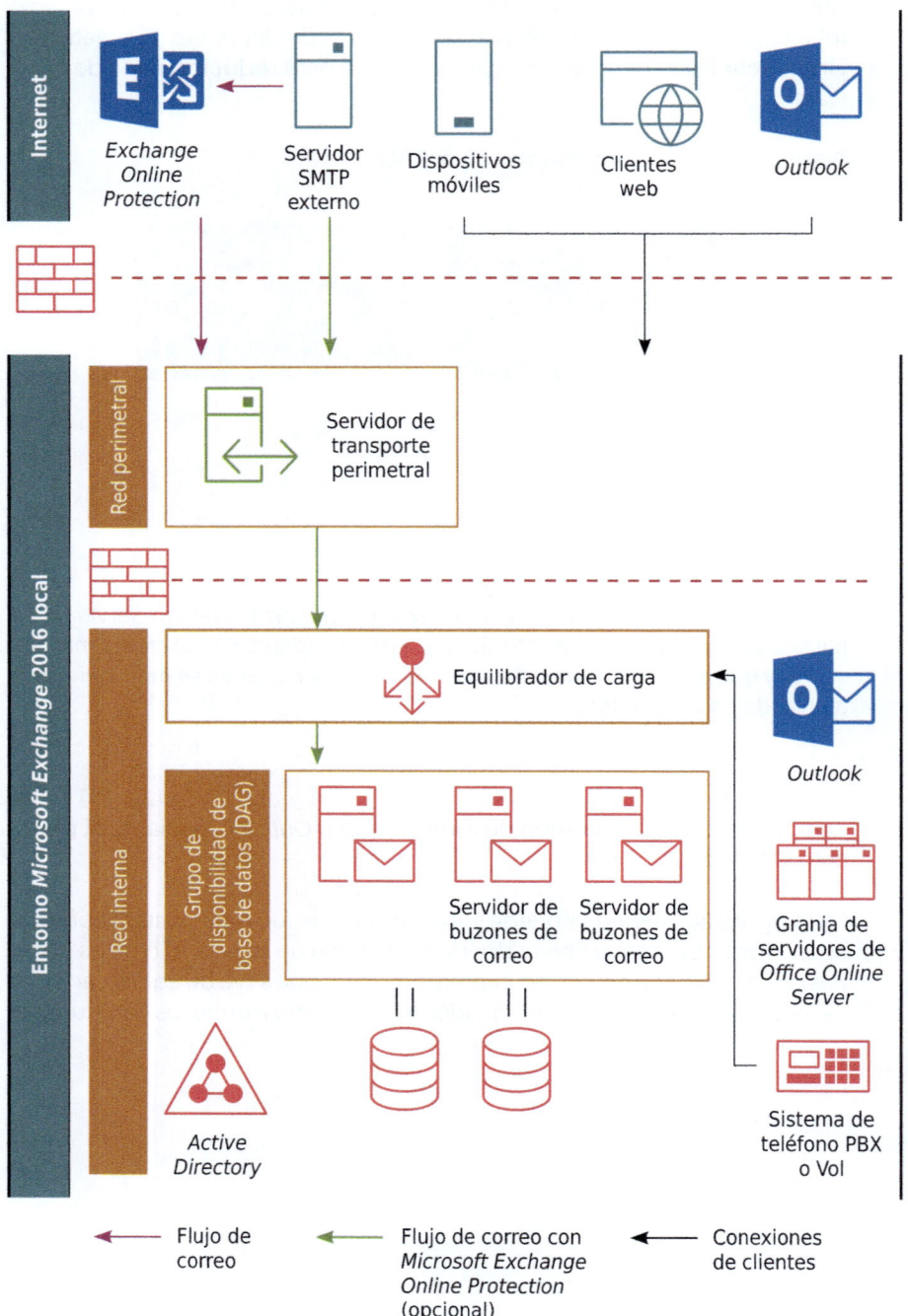

 **PARA SABER MÁS**

En el siguiente vídeo podrás aprender cómo se instala y configura *Microsoft Exchange Server 2016:*

https://redirectoronline.com/ifcm004po0405

La versión actual de *Exchange Server* es la **2019,** y es muy similar a *Microsoft Exchange 2013* o *2016* con algunas mejoras orientadas a seguridad y rendimiento. En este sentido se destaca la posibilidad de instalación de *Exchange 2019* sobre *Server Core,* siendo esta la opción recomendada.

Desde el punto de vista administrativo tenemos las mismas interfaces:

- ➲ *Exchange Admin Center* (EAC, Centro de Administración de *Microsoft Exchange)*
- ➲ *Exchange Management Shell* (EMS)
- ➲ *Exchange Toolbox* (incluye visor de colas)

El administrador de correo no tendrá ningún problema en utilizar esta versión si ya trabajaba con las versiones anteriores.

Sin embargo, si el producto se instala sobre un *Server Core,* sin interfaz gráfica o *desktop experience,* será necesario utilizar alguna herramienta que permita realizar las tareas iniciales específicas de configuración, tanto a nivel de red como de almacenamiento.

Después de la instalación de *Microsoft Exchange 2019* (en el caso de *Server Core),* para gestionar el correo utilizando el Centro de Administración de Exchange (EAC), se requiere acceder desde el navegador de otro dispositivo, como una estación administrativa. Por ejemplo, esto podría ser un equipo con *Windows 10* con las herramientas administrativas de *Microsoft Exchange* instaladas. Aunque el EAC es accesible desde cualquier dispositivo con un navegador, para utilizar el *Microsoft Exchange*

Management Shell y el *Microsoft Exchange Toolbox*, que incluye el visor de colas, es necesario instalar las herramientas en el dispositivo adecuado.

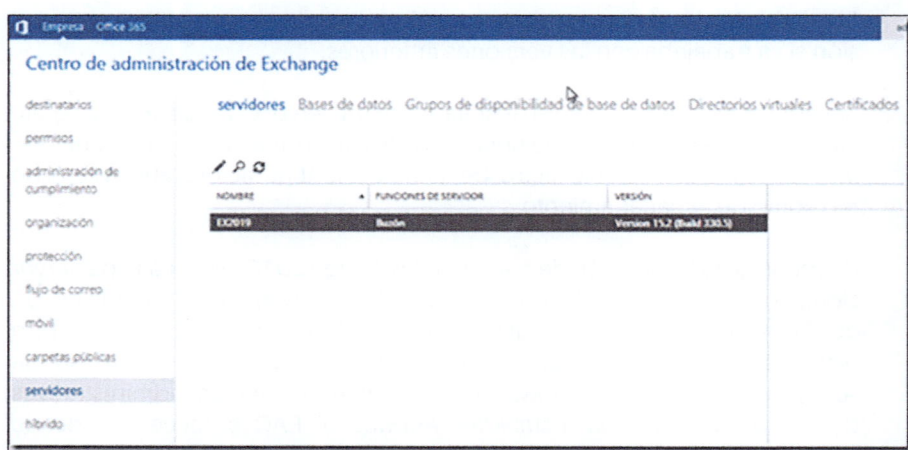

Exchange Management Shell en Server Core con Exchange 2019

Aparte de ajustarse a la opción de que el *software* se ejecute sobre Server Core (lo que a menudo implica el uso de una estación administrativa para herramientas gráficas), la gestión de destinatarios, como buzones, y la configuración general, como conectores, bases de datos, certificados, etc., son esencialmente similares o idénticos a los procesos llevados a cabo en *Microsoft Exchange 2013-2016*.

Centro de Administración (EAC) de Microsoft Exchange 2019

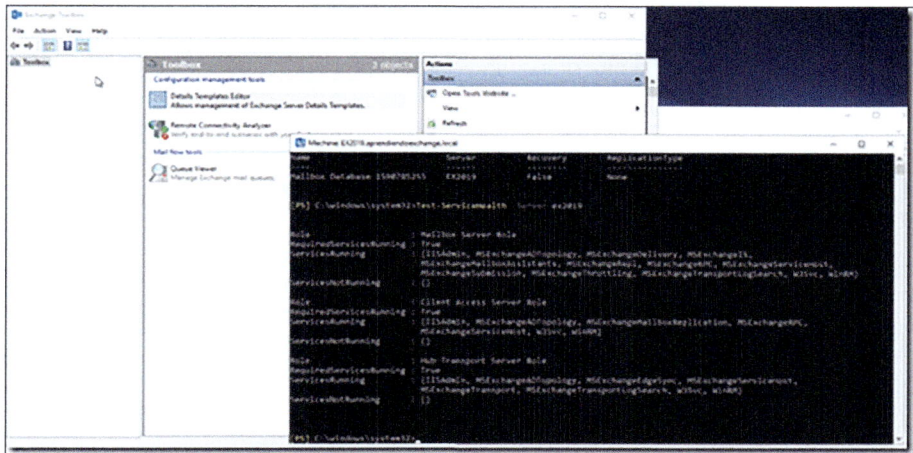

Exchange Toolbox y Microsoft Exchange Management Shell en estación con las herramientas administrativas de Exchange 2019 instaladas

Desde la perspectiva del usuario, la implementación de *Microsoft Exchange 2019* tampoco supondría un cambio drástico. El enfoque no está en la introducción de nuevas características (para esto, *Office 365* podría ser una opción más adecuada), sino en aspectos más relacionados con otros elementos que quizás no sean tan evidentes para el usuario final, como la seguridad, la escalabilidad y el rendimiento. En el gráfico siguiente, obtenido de technet, se abordan tres aspectos principales, y en lo referente a los usuarios se resalta la mejora en la gestión del calendario y el soporte para direcciones de correo EAI (Internationalized Email Addresses). Sin embargo, en la práctica, estas características podrían pasar desapercibidas para muchos usuarios, salvo en casos particulares.

En términos de seguridad, cabe destacar el respaldo para *Windows Server Core,* como se mencionó anteriormente. Además, una característica relevante es la capacidad de limitar el acceso externo al Centro de Administración de *Microsoft Exchange* y al *Microsoft Exchange Management Shell.*

En lo que respecta al rendimiento, se han implementado varias mejoras significativas. Estas incluyen una actualización de los requisitos mínimos de *hardware,* que ahora especifican 128 GB de RAM como recomendación mínima para el rol de Mailbox, con un máximo soportado de 256 GB y hasta 48 núcleos. Entre las características destacadas se encuentran:

- ⊃ Mejoras en las búsquedas (similares a *Exchange Online).*
- ⊃ Failovers más rápidos.
- ⊃ Base de Metacache, una función que *Microsoft* requiere el uso de discos SSD y que acelera considerablemente el acceso al correo.

⊃ Caché de base de datos dinámica, que optimiza la gestión de memoria en escenarios de alta disponibilidad.

Exchange 2019 conserva la misma estructura arquitectónica que su predecesor, la versión 2016, tanto es así que hasta la fecha el diagrama de arquitectura del sitio de Microsoft aún hace referencia a *Microsoft Exchange 2016*.

Aparte del diagrama desactualizado, se menciona una nota sobre la Mensajería Unificada en *Microsoft Exchange 2019,* indicando que esta característica ha sido descontinuada. Según la recomendación de Microsoft, se sugiere hacer la transición a *Skype For Business Cloud Voice Mail*.

En resumen, si actualmente se está utilizando UM con Exchange, este es un factor importante a considerar.

Otros puntos a tener en cuenta al evaluar Exchange 2019 son:

⊃ Disponible únicamente para clientes *Volume License*. Aunque, en caso de contar con una suscripción MSDN, también es posible descargarlo. Actualmente, esta es la única forma de obtener el producto.
⊃ Solo se puede instalar en *Windows Server 2019* y se recomienda hacerlo sobre *Server Core*.
⊃ Requiere un nivel funcional de bosque y dominio en *Windows Server 2012 R2* o superior.
⊃ Permite la coexistencia con *Exchange 2013* y *Exchange 2016*, pero no con *Exchange 2010*.

3. Versiones

 **HILO CONDUCTOR**

Sergio ya dispone de las nociones suficientes sobre *Microsoft Exchange Server* y se va a dedicar ahora a buscar la licencia que mejor se ajuste a las necesidades de su empresa. Para ello, primero debe identificar los recursos de los que dispone: equipo y usuarios que tienen que utilizar *Microsoft Exchange Server*.

Actualmente, tanto la versión 2016 como la de 2019 de *Microsoft Exchange Server* siguen la misma política de licencias, ofreciendo dos alternativas principalmente, una para acceso basado en usuarios y otra para el acceso basado en instancias o dispositivos:

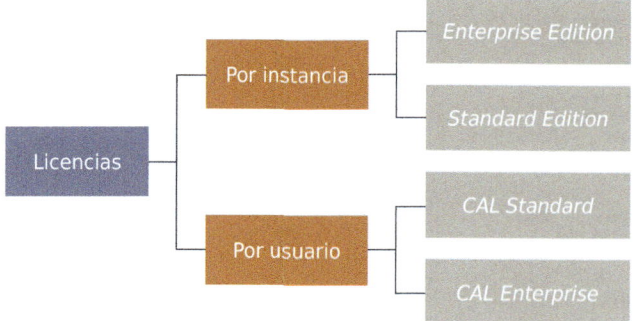

- **Por instancia:** también conocidas como CAL de dispositivo. Son licencias de acceso de cliente basadas en dispositivos. Adquieres una licencia para cada dispositivo que accede al servidor, sin limitación de usuarios. Tiene más sentido si en nuestra organización muchos empleados comparten dispositivos mediante algún sistema de turnos.

  - *Enterprise Edition.* Se puede escalar hasta cien bases de datos montadas por servidor.
  - *Standard Edition.* Se puede escalar solo hasta cinco bases de datos montadas por servidor.

- **Por usuario:** con una CAL por usuario, un usuario con sus credenciales puede utilizar y acceder al servidor para usar los servicios de *Microsoft Exchange* independientemente de los dispositivos en los que se encuentre instalado. Es más recomendable si los empleados de la organización suelen conectarse a más de un equipo distinto.

  - **CAL** *Standard.* Con este tipo de licencia CAL, el usuario puede controlar un sistema *Microsoft Exchange Server* desde prácticamente cualquier plataforma, explorador o dispositivo móvil.
  - **CAL** *Enterprise.* La licencia CAL *Enterprise* se vende como un complemento a la licencia CAL *Standard,* de forma que, para adquirirla, se debe estar en posesión de una licencia CAL *Standard*. Lo que hace esta licencia es habilitar una serie de funcionalidades extendidas.

A continuación, se puede ver un cuadro comparativo con las características que habilitan las licencias:

	Licencia CAL Standard	Licencia CAL Standard más CAL Enterprise[1]
Correo electrónico, calendario, contactos y tareas	✓	✓
Outlook en la Web (compatibilidad con Internet Explorer, Firefox, Chrome, Safari y Microsoft Edge)	✓	✓
Aplicaciones para Outlook y Outlook en la Web	✓	✓
Buzones del sitio[2]	✓	✓
Capacidades de control de acceso basado en roles (RBAC)	✓	✓
Registro en diario	Por base de datos	Por lista de distribución/usuario
Descifrado del registro en diario		✓
Directivas de retención	Predeterminado	Predeterminadas y personalizadas
Archivo local[2]		✓
Búsqueda en varios buzones de correo	✓	✓
Conservación local[2]		✓
Information Protection and Control (IPC): reglas de protección de transporte, reglas de protección de Outlook, búsqueda de IRM (Information Rights Management).		✓

NOTA

La CAL del cliente no tiene nada que ver con el tipo de servidor que se monte (esto suele ser motivo de mucha confusión para los administradores). Es decir, se puede tener *Microsoft Exchange Server Enterprise* corriendo en un servidor, mientras es utilizado por usuarios con CAL *Standard*.

TAREA 4

Vamos a registrar una nueva empresa y dar de alta a sus empleados. Nuestro jefe nos encomienda la tarea de administrar el correo electrónico de todos ellos. Por lo tanto, nos toca registrar a los usuarios, adjudicar correos electrónicos corporativos, establecer permisos y la configuración de las cuentas de correo.

Siguiendo las indicaciones que se han visto en el vídeo incluido en la unidad, deberás elaborar una guía de instalación de *Microsoft Exchange Server 2019,* indicando los aspectos básicos para una configuración estándar. Para realizar esta guía deberás tener en cuenta que la empresa cuenta con 50 empleados. ¿Qué licencia de *Microsoft Exchange Server* utilizarías para tal fin? Razona tu respuesta.

- -

4. Resumen

Con el paso del tiempo, *Microsoft Exchange* se ha convertido en una poderosa herramienta más que notable con capacidades necesarias para toda empresa que quiera organizar su negocio en torno a una infraestructura basada en la tecnología y comunicación. Las nuevas formas de comunicación en la sociedad exigen que las empresas evolucionen hasta nuevos entornos de trabajo con nuevos mecanismos que organicen y optimicen el rendimiento de sus recursos.

El primer *Microsoft Exchange Server* suponía la novedad del uso organizado del correo electrónico, medio de comunicación que permitía el envío e intercambio de información. Hoy en día, su función es la misma. Sin embargo, el conjunto de tecnologías que han ido apareciendo a su alrededor y la importancia de la seguridad en el tratamiento de la información han necesitado de la evolución de *Microsoft Exchange Server* hasta el producto que es hoy, una arquitectura modular optimizada tal y como puede verse en la siguiente imagen:

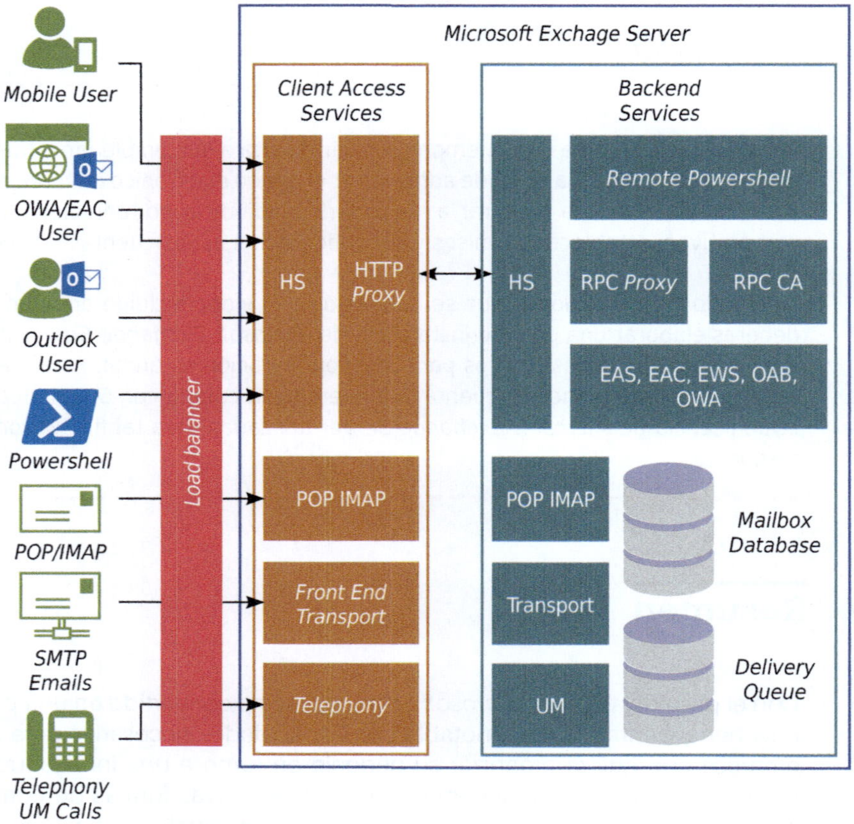

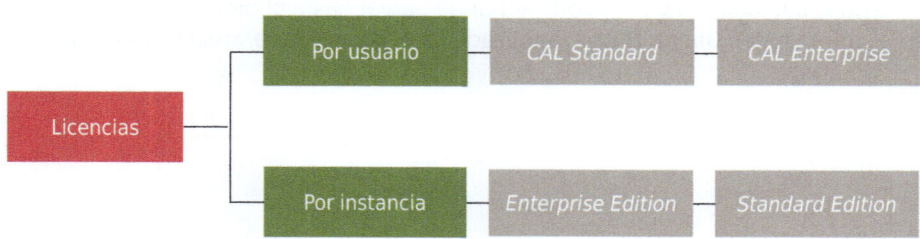

Como producto que no es gratuito, posee diferentes versiones para el uso. *Microsoft* ha seguido la estela de otros de sus productos, permitiendo una versión licenciada por usuario y otra por dispositivo o instancia. Al mismo tiempo, separa funcionalidades en dos grupos: una para el usuario menos exigente (doméstico, en la mayoría de los casos) y otro para organizaciones que hacen un uso frecuente y poseen activos que deben proteger.

Ejercicios de autoevaluación
Unidad de Aprendizaje 4

1. La primera versión de *Microsoft Exchange Server* apareció para el sistema operativo...

    a. ... *Windows 3.5.*
    b. ... *Windows NT.*
    c. ... *Windows 2000.*
    d. ... *Windows XP.*

2. La primera versión de *Outlook* fue lanzada a la misma vez que...

    a. ... *Windows NT.*
    b. ... *Office 2000.*
    c. ... *Microsoft Exchange Server 5.0.*
    d. ... *Microsoft Exchange Server 1.0.*

3. ¿Cuál fue la novedad más importante que introdujo *Microsoft Exchange Server*?

    a. La posibilidad de programar el *front-end* y el *back-end* por separado.
    b. La posibilidad de definir hasta cinco roles de uso diferentes.
    c. La posibilidad de definir dos roles de uso diferentes.
    d. El control de los mailboxes.

4. ¿Cuáles son las novedades más importantes que introdujo *Microsoft Exchange Server 2007*?

    a. Navegación simplificada.
    b. Roles y navegación simplificada.
    c. 5 roles, navegación simplificada y mensajería unificada.
    d. Eficiencia y rendimiento.

5. *Microsoft Exchange Server 2010* impulsó:

    a. La organización basada en roles.
    b. La escalabilidad y la administración con nueva interfaz.

c. La escalabilidad con funciones y mejoras para la alta disponibilidad, el almacenamiento y la movilidad.
d. La organización basada en grupos.

6. Señala falso o verdadero en las siguientes afirmaciones:

a. *Microsoft Exchange Server 2013* reduce el número de roles a dos.

- Verdadero
- Falso

b. *Microsoft Exchange Server 2013* hace desaparecer la consola de administración.

- Verdadero
- Falso

c. Las conexiones desde cliente *Outlook* dejan de ser RPC.

- Verdadero
- Falso

d. Aún no se utiliza *OWA*.

- Verdadero
- Falso

7. La diferencia entre la versión *Standard* y *Enterprise* radica en:

a. Arquitectura de bloque.
b. Fiabilidad.
c. La escalabilidad de sus bases de datos.
d. Cantidad de mailboxes.

8. **Señala falso o verdadero en las siguientes afirmaciones:**

   a. Con la licencia CAL *Standard,* el usuario puede controlar un sistema *Microsoft Exchange Server* desde prácticamente cualquier plataforma.

      ■ Verdadero
      ■ Falso

   b. La licencia CAL *Enterprise* no habilita ninguna característica adicional.

      ■ Verdadero
      ■ Falso

   c. La licencia CAL *Enterprise* se vende como un complemento a la licencia CAL *Standard.*

      ■ Verdadero
      ■ Falso

9. **El usuario puede adquirir los siguientes tipos de licencias en *Exchange Server 2016*:**

   a. *Essentials y Business.*
   b. *Standard y Business.*
   c. *Standard y Deluxe.*
   d. *Standard y Enterprise.*

10. **La licencia *Enterprise* habilita la siguiente capacidad sobre la licencia *Standard*:**

    a. Mensajería unificada.
    b. Buzones del sitio.
    c. Aplicaciones *Outlook* en la web.
    d. Correo electrónico, calendario y contactos.

Unidad de aprendizaje 5

Firewall

Contenido

Objetivos

El objetivo general de esta Unidad de Aprendizaje es:

→ Aprender para qué se utilizan los *firewalls* y por qué son tan necesarios en las redes actuales.

Los objetivos específicos de esta Unidad de Aprendizaje son:

→ Identificar el tipo de *firewall* que necesitamos en cada momento.

→ Reconocer cuáles son las ventajas de su uso y cuáles son las limitaciones.

1. Introducción

El *firewall* se puede considerar como un concepto o idea, de forma que podríamos hablar de un **sistema *software*** o bien de un **dispositivo o *hardware*** indistintamente. Su objetivo principal es **regular el tráfico** que pasa a través de él sin dejar de ofrecer los mecanismos de seguridad e interconexión de redes necesarios.

La importancia del *firewall* es capital, y representa un activo importante en la infraestructura estratégicamente posicionada de toda organización. En muchas ocasiones se trata del primer y último eslabón de seguridad en la red corporativa. Su capacidad de **permitir** la comunicación si esta no presenta ninguna no conformidad o amenaza para la red, o bien **bloquearla** al menor indicio de comportamientos anómalos, convierten al *firewall* en un elemento esencial.

Los *firewalls* se usan como **elementos defensivos** en una estrategia de prevención y los utilizan empresas pertenecientes a todo tipo de segmentos de mercado. Por lo general, siempre se posicionan en la infraestructura de comunicaciones entre las redes públicas (internet) y las redes privadas (segmentos internos de red).

Pero, para aprovechar todas sus capacidades y conocer también sus **limitaciones,** debemos conocer un poco de la historia de los *firewalls* y cómo plantearon y resolvieron los desafíos a lo largo del tiempo, cómo y por qué las empresas se adaptaron a su uso y las razones por las cuales hoy en día se han convertido en un excelente **mecanismo de seguridad** para un mundo cada vez más interconectado.

Esta labor de aprendizaje recaerá sobre Sergio a partir de ahora, quien se dispone a mejorar la seguridad general de toda la red de su empresa, al mismo tiempo que adopta políticas de seguridad preventivas en cuestiones referentes al intercambio de comunicación entre sus socios y el mundo exterior.

2. Historia

☞ HILO CONDUCTOR

En una empresa la seguridad de la red lo es todo. Por ello, Sergio está pensando en incluir un *firewall* en la red. Pero antes de ello, necesita conocer la historia de los *firewalls,* solo así entenderá cuáles son las ventajas, limitaciones y capacidades que puede necesitar de este recurso.

Firewall es un concepto que aparece gracias a que las comunicaciones se basan en una pila de protocolos como **TCP/IP.** Debido a que existen capas de esta pila de protocolos, como IP, que no tienen ningún tipo de control sobre la comunicación, se hace poco seguro dejar redes con propósitos o dominios (empresas, universidades, etc.) sin un cierto control, lo que presenta un riesgo potencial de acceso no autorizado y exposición de datos, entre otras posibilidades.

Por eso, hace falta un elemento que defienda la red ante ataques o mal uso de los protocolos de intercomunicación; esto es lo que se conoce como **defender el perímetro.** La idea principal es **crear una barrera** que separa la parte pública (internet, en la mayoría de los casos) y la parte privada (intranet), donde conviven los recursos tecnológicos de las organizaciones como se muestra en la imagen:

Arquitectura básica de un *firewall*

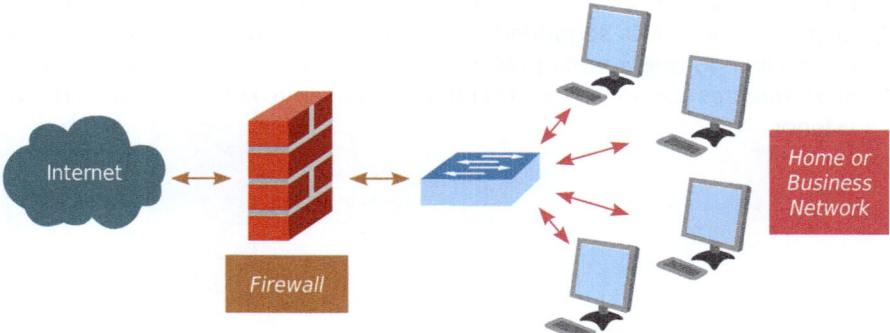

Para las comunicaciones entre ordenadores, la unidad de información mínima que se transfiere es el paquete. Cada paquete contiene información sobre el origen y destinatario de la comunicación (encabezado) y de datos (contenido), y el camino que sigue cada paquete puede variar a través de internet.

La primera propuesta de **firewall,** o filtro de paquetes, surgió en 1989 por *Jeff Mogul de Digital Equipment Corporation* (DEC), marcando por lo tanto la primera generación.

 **DEFINICIÓN**

Firewall
Comúnmente conocido como cortafuego, es un elemento de *software* o *hardware* que se sitúa entre dos puntos de la red con el fin de controlar y filtrar las comunicaciones entre esos dos puntos de red.

En el siguiente vídeo aclaramos con un poco más de detalle este concepto:

https://redirectoronline.com/ifcm004po0501

2.1. Primera generación - cortafuegos de red: filtrado de paquetes

 **HILO CONDUCTOR**

Sergio comienza estudiando qué tipo de cortafuegos aparecen en los primeros inicios de la comunicación de redes, y se da cuenta de que se trata de *firewalls* muy básicos que disponen de pocos recursos de procesamiento pero que llegan a ser muy efectivos.

La primera aparición de un artículo referente al concepto de *firewall* y su tecnología aparece en **1988** y es obra del equipo de ingenieros de ***Digital Equipment Corporation*** (DEC). El sistema desarrollado por este grupo de ingenieros consistía en un conjunto de sistemas de filtrado al que más adelante comenzaron a denominar **cortafuegos de filtrado de paquetes.**

Su capacidad, bastante básica, consistía en **inspeccionar** los paquetes de comunicación. La información de ese paquete se contrastaba con un conjunto de **reglas de filtrado** y, si el paquete superaba esas reglas, se admitía su paso a través del sistema, con lo cual la comunicación continuaba su curso normal. Por el contrario, si no la superaba, el paquete era **bloqueado** y **desechado.** El paquete jamás llegaría a su destino.

Filtro de un paquete entre cliente y servidor en una comunicación de red

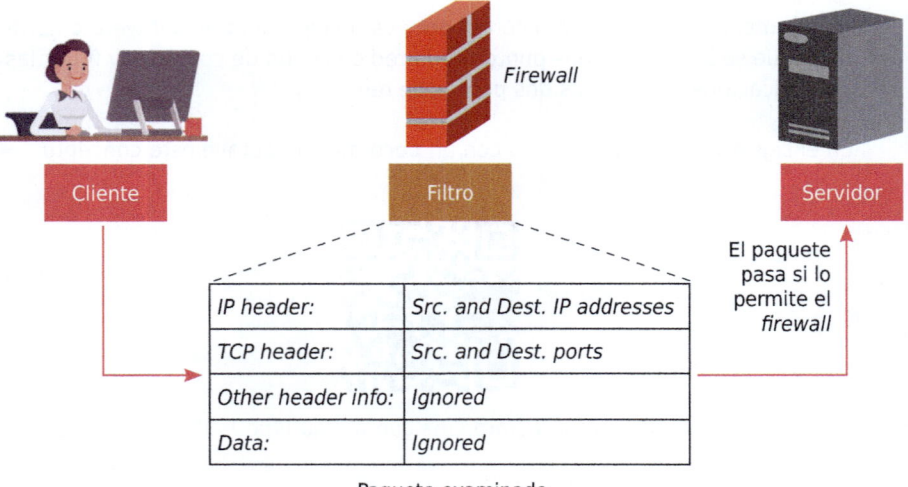

IP header:	Src. and Dest. IP addresses
TCP header:	Src. and Dest. ports
Other header info:	Ignored
Data:	Ignored

Paquete examinado

 **DEFINICIÓN**

Paquete de comunicación
Unidad básica de transferencia de datos entre dispositivos conectados a la red. En cada uno de ellos viaja información referente al dispositivo origen y destino de la comunicación, así como información sobre el tipo de contenido, puerto origen y destino de la misma, entre otra mucha más información.

2.2. Segunda generación - cortafuegos de estado

☞ HILO CONDUCTOR

Sergio ahora aprenderá sobre la primera gran evolución que se produjo sobre la tecnología de *firewall*, y que tardó poco tiempo en producirse desde los inicios de este tipo de sistemas. Era lógico, ya que se estaba produciendo una explosión de las comunicaciones y se necesitaban mecanismos más exigentes.

La siguiente evolución de *firewall* aparece en **1991**, pero se forjó entre 1989 y 1990. Tres colegas de los **laboratorios AT&T Bell**, Dave Presetoo, Janardan Sharma y Nigam Kshitij, desarrollaron un sistema de filtrado diferente al existente, que consistía en un **filtrado de paquetes *stateful*.** Es decir, en este tipo de filtrado no solo se tenía en cuenta la información que viajaba en el paquete, sino también sobre la **comunicación** a la que pertenecía dicho paquete, ya que el sistema mantenía registros de todas las conexiones que pasan a través de él.

**Filtro con estado de un paquete entre cliente
y servidor en una comunicación de red**

Source IP port:	Dest. IP port:	State	Seconds until expired
192.168.1.1 :udp10033	10.1.1.5 :udp53	Not replied-to	17
10.1.1.7 :tcp20113	192.168.1.5. :tcp80	Established	66
192.168.1.1. :udp11412	10.1.1.5 :udp53	Established	29

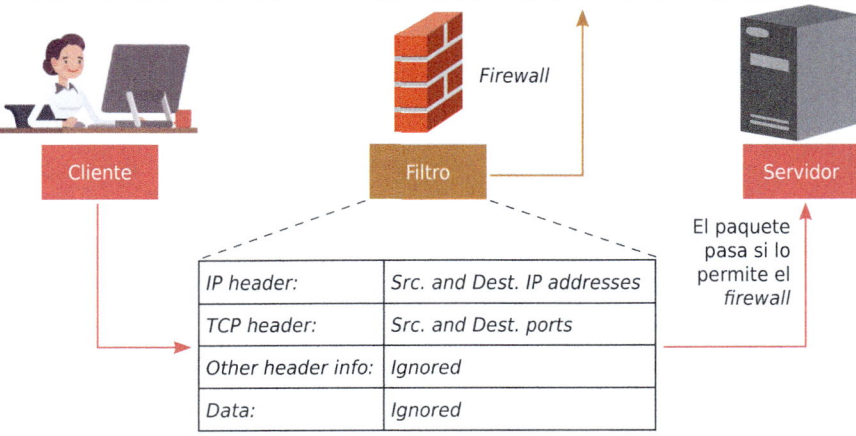

Firewall

Cliente — Filtro — Servidor

El paquete pasa si lo permite el *firewall*

IP header:	Src. and Dest. IP addresses
TCP header:	Src. and Dest. ports
Other header info:	Ignored
Data:	Ignored

¿Paquete cumple condiciones de la tabla de reglas?

2.3. Tercera generación - cortafuegos de aplicación

👉 HILO CONDUCTOR

Sergio retoma la historia del *firewall* para aprender que no hay dos sin tres. En el segundo gran cambio de los *firewalls*, estos se convierten en elementos indispensables en la seguridad de la red. Han evolucionado tan rápido porque son la pieza del rompecabezas más codiciada.

Los sistemas de filtrado volvieron a evolucionar al poco tiempo. En este caso, se volvieron más inteligentes, ya que eran capaces de actuar sobre la información de la comunicación a nivel de la capa de aplicación del **modelo OSI**. A partir de ahora, el *firewall* entendía las aplicaciones y protocolos que subyacían en la comunicación. A continuación te mostramos los rasgos principales de este modelo:

**Filtro con estado de un paquete entre cliente
y servidor en una comunicación de red**

Descripción

– El modelo de interconexión de sistemas abiertos (ISO/IEC 7498-1), más conocido como "modelo OSI" (en inglés, *Open System Interconnection)*, es un modelo de cómo deberían implementarse los protocolos de comunicación para que dos dispositivos puedan comunicarse correctamente. Está dividido en capas por las que fluye la información desde el remitente al destinatario. En cada capa se añade información para que el paquete pueda ser entregado.

Estructura

– A continuación, se muestran las distintas capas de las que se compone:

ORIGEN		Red		DESTINO
Aplicación	01	Al enviar el mensaje "baja"	07	Aplicación
Presentación	02		06	Presentación
Sesión	03		05	Sesión
Transporte	04		04	Transporte
Red	05		03	Red
Enlace de datos	06	Al recibir el mensaje "sube"	02	Enlace de datos
Física	07		01	Física

Por lo tanto, se amplió enormemente la capacidad de detección si un protocolo no deseado se había colado en la comunicación a través de un puerto no estándar; e incluso utilizando el mismo protocolo se podía distinguir si era coherente el diálogo entre los participantes principales de la comunicación.

La capa principal del modelo OSI que utiliza la tercera generación es la **capa de aplicación.** A continuación se puede observar su ubicación dentro de la pila de protocolos TCP/IP y una descripción de sus funciones:

- − Define los procesos en cada uno de los extremos de la comunicación.
- − Define los tipos de mensajes.
- − Define la sintaxis de los mensajes.
- − Define el significado de los campos de información.
- − Define la forma en que se envían los mensajes y la respuesta esperada.
- − Define la interacción con la próxima capa inferior.

El nuevo sistema se puede ver como una combinación entre el concepto de **filtro** y el de *proxy,* lo que da origen a la denominación de *firewall* **híbrido,** que comenzará a ser el término más utilizado hasta nuestros días.

No obstante, se han ido añadiendo capacidades y funcionalidades a estas ideas. Por ejemplo, en 1994 Checkpoint lanzó el **Firewall-1,** que fue un gran hito en cuestiones de seguridad, permitiendo la maduración y desarrollo en estos aspectos al introducir el concepto de GUI (interfaz gráfica de usuario) y otras tecnologías relacionadas con la seguridad.

⊕ PARA SABER MÁS

En el siguiente enlace puedes conocer un poco más sobre GUI.

https://redirectoronline.com/ifcm004po0502

Más adelante, a mediados de los noventa, también surgen proyectos alternativos usando todas estas técnicas y otras muchas más con el fin de hacer que el uso de todos estos conceptos sea **libre** y **gratuito.** Como ejemplo destacamos *Squid* (1996) y *Snort* (1998), soluciones que cubren una gran variedad de escenarios y permiten aplicar todo lo visto hasta ahora a infraestructuras no excesivamente exigentes.

⊕ PARA SABER MÁS

Puedes consultar las páginas de *Squid* y *Snort* a través de los siguientes enlaces:

SQUID	SNORT

https://redirectoronline.com/ifcm004po0503	https://redirectoronline.com/ifcm004po0504

A continuación, te mostramos el panel de control de una herramienta GUI para *Squid:*

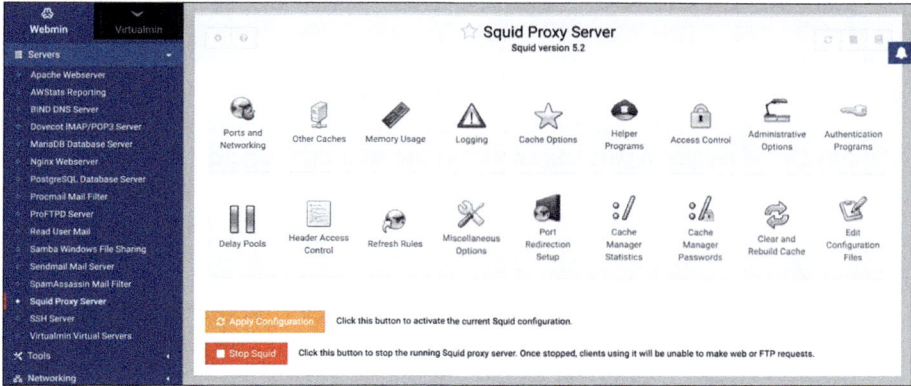

Ejemplo de GUI de Squid

NOTA

Proxy vs. Firewall

Un *proxy* es un tipo de *firewall* pero difiere en la forma en que protege a la red. Mientras que un *firewall* solo bloquea la comunicación (puertos o programas no autorizados que intentan acceder a una determinada zona de la red), los *proxys* pueden además reconducir esa comunicación hacia otros dispositivos, e incluso modificarla.

- -

ACTIVIDAD COMPLEMENTARIA

7. Imagina que necesitas que la red de tu casa esté conectada mediante una pasarela a otra red y no quieres admitir el tráfico que proviene de esta. ¿Qué tipo de *firewall* de los que hemos visto hasta ahora utilizarías? Razona tu respuesta.

- -

2.4. Acontecimientos posteriores

☞ **HILO CONDUCTOR**

El *firewall* ha madurado y se encuentra en un estado idóneo para contemplar otros caminos o funcionalidades que mejoren lo ya difícil de mejorar. Sergio será consciente de que, a partir de ahora, la cosa se complica porque entran en escena otros tipos de intereses que no consisten únicamente en filtrar información.

Tras la aparición del *firewall* de nivel de aplicación, el objetivo era a partir de entonces incorporar **funcionalidad complementaria** para la seguridad de los *firewalls*. En 2004 apareció por primera vez el término **UTM** *(Unified Threat Management)*. UTM, más que una evolución, es un término que se refiere a un dispositivo con capacidad de *firewall,* antivirus e IDC (sistema de detección/prevención de intrusos).

En la evolución normal de internet, muchos servicios y aplicaciones pasaron a centralizar su operación en la web, lo cual ha exigido sistemas y mecanismos de protección específicos basados en el **protocolo HTTP.** En 2006 aparecieron de forma más concreta los ***Web Application Firewalls*** (WAF) como soluciones independientes, pero también incorporadas como recurso para UTM.

Pero los UTM no solo destacaron por sus virtudes, también existieron **problemas** asociados al rendimiento y uso de recursos. En 2008, *Palo Alto Networks* introduce en el mercado el concepto de **firewalls de próxima generación** (NGFW). Estos dispositivos resolvieron el problema de recursos presentado por UTM, y añadieron capacidades para mejorar la visibilidad y los controles basados en aplicaciones.

Y en estos momentos nos encontramos con la idea de un sistema todopoderoso que aglutina capacidades de muy diversa índole, pero todas enfocadas a **resolver los problemas de seguridad** que conlleva el uso de las comunicaciones modernas. Algunas de las **capacidades** destacadas se exponen a continuación:

- ⮊ **Identificación y control de aplicaciones.** Los *firewalls* no pueden limitarse a los puertos estándar. Cada vez encontramos más casos en los que las aplicaciones no usan los puertos habilitados para sus funciones debido a que el propio atacante cambia el puerto de comunicaciones para engañar. Por lo tanto, se necesitan funciones donde el escaneo no se limite a puerto / protocolo / aplicación.

➲ **Identificación y control de la evasión de seguridad.** El *firewall* debe controlar aquellas aplicaciones que están orientadas a sortear los obstáculos de conexión impuestos: herramientas para el acceso remoto o herramientas para la conexión VPN son algunos ejemplos.

➲ **Control funcional de aplicaciones.** Cada aplicación puede realizar funciones muy diversas en la red. El *firewall* puede realizar un análisis exhaustivo de dichas funciones para observar comportamientos fuera de lo común para esas aplicaciones y determinar que se está produciendo un ataque.

➲ **Gestión del tráfico desconocido.** Los NGFW *(Firewall* de Última Generación) permiten controlar y monitorizar el tipo de tráfico que no parece pertenecer a ningún patrón de uso común, y lo analizan para ver si es producto de una aplicación interna, aplicación comercial sin firma o bien es una amenaza potencial.

3. Tipos de cortafuegos

☞ HILO CONDUCTOR

Los *firewalls* han ganado en autonomía e inteligencia a la hora de procesar el tráfico de la red. Sergio pretende ahora estudiar los distintos tipos de *firewall* antes de elegir el que mejor se ajuste al modelo de negocio. La cantidad y tipo de los servicios que debe filtrar, y si existen servidores que debe ubicar en zonas seguras de la red, son aspectos que debe tener en cuenta.

Para superar todos los miedos y proveer el nivel de protección requerida, la empresa y los responsables de redes deben seguir **políticas de seguridad** que prevengan del acceso no autorizado de usuarios a los recursos propios de la red privada y que proporcionen **protección contra la exportación privada de información.** Es más, aunque una organización no esté conectada a internet, debería establecer políticas de seguridad interna para administrar y monitorizar el acceso de los usuarios a ciertas partes de la red sensibles a la pérdida o manipulación de la información.

Sin embargo, **¿cómo saber elegir el tipo de *firewall* que se adapta a nuestras necesidades?** Es difícil determinar *a priori* cómo se comportará nuestra red si configuramos un tipo u otro de *proxy*. A continuación, vamos a dar un repaso a los distintos **tipos de** *firewall* teniendo en cuenta cómo es el sistema de filtrado interno que usan.

3.1. Nivel de aplicación de pasarela

☞ **HILO CONDUCTOR**

En el negocio de Sergio se va a utilizar algún *software* de comunicación y transferencia de ficheros que puede afectar a la seguridad de la red. Ha escuchado que un tipo de *firewall* que permite filtrar mediante aplicación es el *firewall* de nivel de aplicación de pasarela. Procede a estudiar si cumple con las exigencias.

Como hemos visto en apartados anteriores, los *firewalls* de tercera generación utilizan la capa de aplicación para *filtrar los paquetes*. Es habitual que algunos *firewalls* usen aplicaciones que implementan los protocolos de la capa de aplicación para bloquear y aceptar las conexiones. Esas aplicaciones se conocen como **servicios** *proxy* y el equipo donde se alojan y ejecutan se suele denominar **pasarela de aplicación.**

Este tipo de *firewall* posee dos **ventajas** destacadas, sobre todo para la mejora de la seguridad:

Ventajas ✓
- Solo permiten el uso de los servicios para los que existe un *proxy*. Cualquier otro servicio que no esté incluido en la pasarela de aplicación no podrá utilizarse, por lo que ningún usuario podrá comunicarse mediante esos servicios a través de la red.
- Es posible filtrar, en la pasarela, los protocolos basándonos en su semántica y sintaxis. Es decir, si fuera necesario restringir el uso de ciertos comandos del protocolo, o bien tras analizar la comunicación no existiera un diálogo coherente (mal uso de comandos).

Pero este tipo de *firewall* también posee algunas **desventajas.**

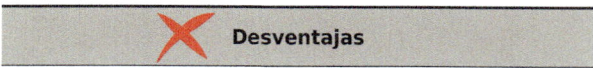

✗ **Desventajas**
- A la hora de instalar una pasarela de aplicación es necesario que cada servicio que se va a ofrecer tenga su propio *proxy*. - Cada servicio no es tan económico como el filtrado básico de paquetes. - El rendimiento suele ser menor y el ancho de banda de la red se puede resentir bastante.

En la siguiente imagen se puede ver cómo, para realizar una conexión entre dos ordenadores de la red, uno de ellos (equipo dentro de la *internal network)* realiza la conexión al *proxy (bastion host)* en el servicio determinado, y este la acepta y establece la comunicación con el otro dispositivo *(public server).*

Comunicación por *proxy* de aplicación

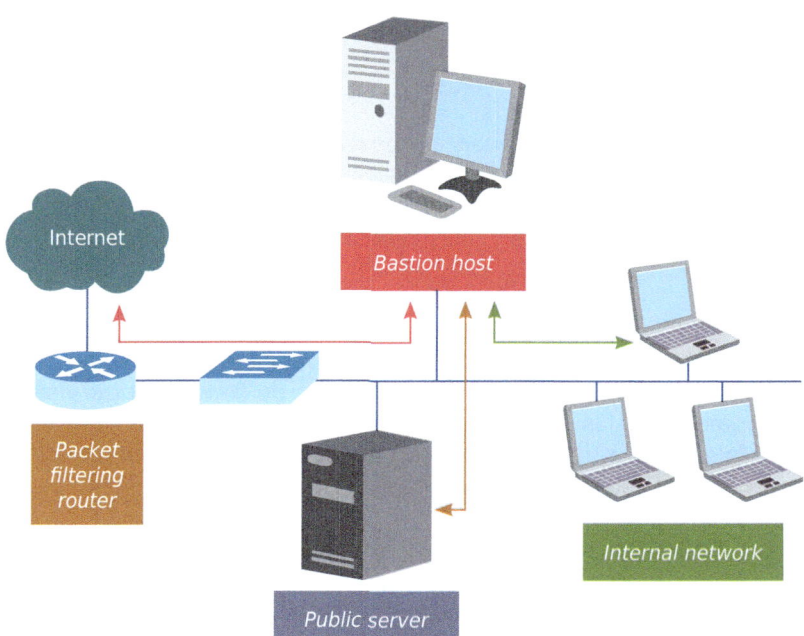

 **PARA SABER MÁS**

En el siguiente enlace puedes ver un artículo donde se explica cómo configurar el *firewall* de *Windows 11.*

https://redirectoronline.com/ifcm004po0517

3.2. Circuito a nivel de pasarela

☞ **HILO CONDUCTOR**

Sergio no ha quedado convencido todavía. Le preocupa que alguien pueda lanzar un ataque contra sus servidores en cualquier momento. El tipo de *firewall* de circuito a nivel de pasarela puede detectar conexiones fuera de la sesión. Piensa que puede ser una buena elección.

Los *firewalls* de circuito a nivel de pasarela son frecuentemente también denominados **firewalls stateful.** Este tipo de *firewalls* **supervisan** la configuración de las conexiones y el establecimiento de las conexiones para mantener un control sobre ellas a nivel de TCP/IP. El *firewall* mantiene un registro de cada conexión abierta y su contexto.

Las reglas básicas del *firewall* actuarán cuando una conexión es solicitada. Mientras, los paquetes que pertenecen a las conexiones existentes se comparan con la tabla de estados de las conexiones abiertas del *firewall,* lo que ahorra tiempo y proporciona seguridad.

En conclusión, en lugar de analizar paquete a paquete, **monitorizan** las sesiones TCP/IP analizando el protocolo de intercambio entre paquetes para establecer una sesión. La característica más exclusiva de este tipo de *firewalls* es que las sesiones que lo atraviesan parecen **originarse en el mismo,** lo que permite **ocultar la red interna** de la red pública; por ello se conoce también como ***proxy* transparente.**

A continuación, puedes ver el diálogo de paquetes que un cliente *(client)* lleva a cabo con un servidor *(server)* para establecer y cerrar una sesión. El *firewall* actúa sobre estos paquetes para realizar el filtro:

Ciclo de vida de una sesión TCP/IP

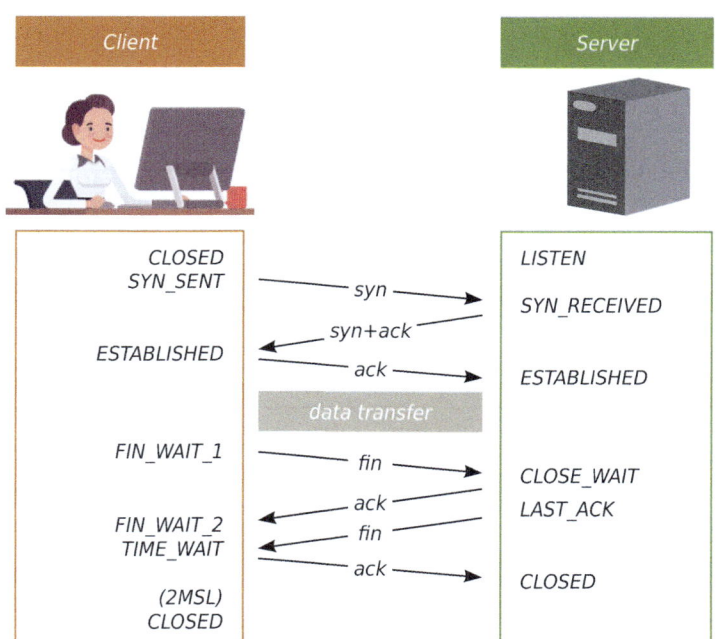

3.3. Cortafuegos de capa de red o de filtrado de paquetes

👉 HILO CONDUCTOR

A pesar de todo, en la empresa de Sergio existen muchos segmentos de red y un filtrado exclusivamente por paquete parece una buena solución sin complicar la configuración de *firewalls* más avanzados.

El primer modelo de cortafuegos que se creó era de este tipo y, a día de hoy, sigue siendo uno de los **más utilizados.** Consiste en un dispositivo capaz de **filtrar paquetes a nivel de IP.** A este nivel los filtros se realizan sobre los distintos campos del paquete IP: **dirección IP origen, dirección IP destino.** Sin embargo, también es frecuente que se permitan filtrados según campos de nivel de transporte (capa 3 TCP/IP, capa 4 Modelo OSI), usando el puerto origen y destino que también viaja en el paquete, o bien a nivel de enlace de datos (no existe en TCP/IP, capa 2 Modelo OSI) usando la dirección MAC.

Es decir, usando una **tabla de reglas** como la de la imagen se puede analizar la información que viaja en el paquete y determinar una acción para el paquete que cumpla alguna de esas reglas, ya sea permitir el paso o desecharlo.

Tabla con las reglas de filtrado sobre los paquetes IP

Protocol	Src IP	Src port	Dst IP	Dst port	Action	Comment
TCP	4.5.6.7	*	1.2.3.10	25	Block	Stop this spammer
TCP	*	*	1.2.3.10	25	Allow	Inbound SMTP
TCP	1.2.3.10	25	*	*	Allow	SMTP respons
*	*	*	*	*	Block	Default rule

3.4. Cortafuegos de capa de aplicación

☞ **HILO CONDUCTOR**

Sergio estudiará si el *firewall* más avanzado que existe, el de capa de aplicación, permite el nivel de seguridad que quiere alcanzar. Quizá sea demasiado exigente, pero está seguro de que podría ser la mejor opción tras decantarse por utilizar un *proxy* para compartir la red entre sus empleados.

Este tipo de *firewalls* trabajan en el nivel de aplicación del modelo OSI, y son los **más avanzados** que existen. El filtrado se realiza no solo a nivel de conexión o establecimiento de la conexión, sino también **a nivel de uso del protocolo** que viaja en el paquete. Por ejemplo, en una comunicación HTTP podrían realizar filtros según la URL a la que se solicite la petición de navegación. Se suelen denominar ***proxys* de aplicación.**

Diferentes capas sobre las que actúan los *proxys*

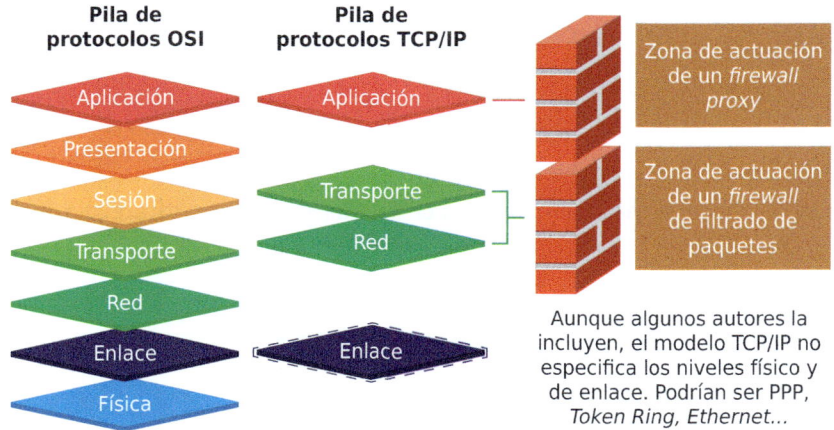

Aunque algunos autores la incluyen, el modelo TCP/IP no especifica los niveles físico y de enlace. Podrían ser PPP, *Token Ring, Ethernet...*

 ## ACTIVIDAD COMPLEMENTARIA

8. Plantea un escenario real donde sea necesario utilizar un *firewall* de tipo de aplicación a nivel de pasarela, y argumenta los motivos por los que lo consideras necesario.

3.5. Cortafuegos personal

☞ HILO CONDUCTOR

Sergio ha decidido instalar en su equipo un cortafuegos que le permita aprender un poco mejor los modos de funcionamiento y la experiencia de uso de la red a la que se va a someter su negocio cuando elija el tipo de *firewall* adecuado.

Este tipo de *firewall* es comúnmente desplegado como **software instalable,** y permite filtrar las comunicaciones que ocurren entre el ordenador donde se instala y el resto de la red. Por lo tanto, se suele utilizar para **uso más personal** que corporativo. Se necesitan unos conocimientos avanzados para poder utilizarlo, ya que en un sistema actual existen muchas conexiones que realizan los sistemas operativos actuales y en las que no deben interferir el *firewall*.

 ## PARA SABER MÁS

Para conocer más sobre este tipo de *firewall,* lee el siguiente artículo de Cristian Borghello:

https://redirectoronline.com/ifcm004po0506

- -

A continuación mostramos una lista de algunos *firewalls* disponibles en el mercado y que podemos utilizar de forma gratuita como cortafuegos personal:

Zonealarm	Broadcom

https://redirectoronline.com/ifcm004po0507   https://redirectoronline.com/ifcm004po0508

Continúa en página siguiente >>

<< *Viene de página anterior*

Panda Security	F-Secure

https://redirectoronline.com/ifcm004po0510	https://redirectoronline.com/ifcm004po0511

McAfee

https://redirectoronline.com/ifcm004po0512

 **TAREA 5**

Una empresa te contrata para evaluar las medidas de seguridad de su arquitectura de red informática. Según el siguiente diagrama, ves que todos los equipos se conectan directamente a internet a través de un *router,* lo cual podría acarrear problemas.

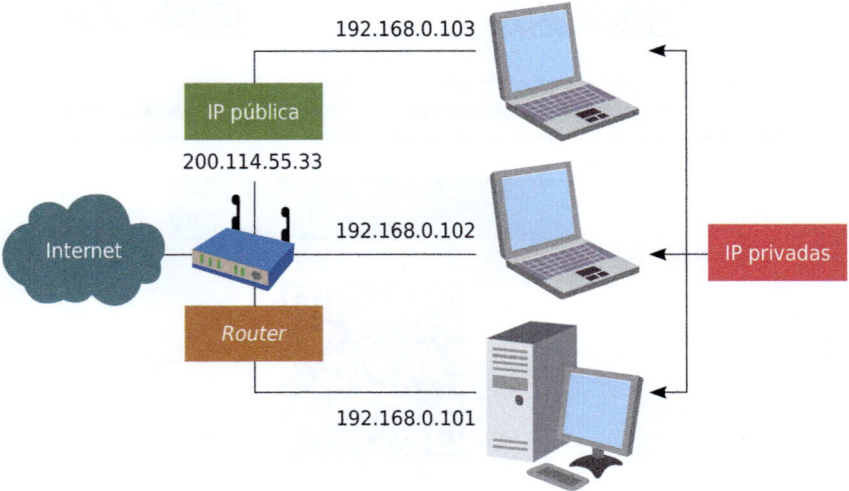

¿Qué alternativas propondrías para conseguir una red más segura? ¿Cómo redibujarías el diagrama para mejorar la seguridad? Deberás elaborar una arquitectura diferente para cada tipo de *firewall* que hemos visto y explicar los pros y contras de su uso en este caso.

- -

4. Ventajas de un cortafuegos

 **HILO CONDUCTOR**

Ahora toca hacer un balance. Sergio necesita analizar las ventajas de usar un *firewall* en su negocio. ¿Cuáles son las capacidades más necesarias desde el

Continúa en página siguiente >>

<< Viene de página anterior

punto de vista de la seguridad? ¿Qué aspectos tiene que mejorar para que el *firewall* se adapte a su modelo de negocio? Todas esas preguntas dependen de los beneficios de uso que el *firewall* proporcione.

Y como era de esperar, la lista de las **ventajas** de usar un *firewall* es muy larga, aquí vamos a exponer algunas de las que nos parecen más importantes y más utilizadas:

- Administran los accesos provenientes de internet hacia la red privada.
- Administran los accesos provenientes de la red privada hacia el internet.
- Permite al administrador de la red mantener fuera de la red privada a los usuarios no autorizados.
- El *firewall* crea una bitácora en donde se registra el tráfico más significativo que pasa a través él.
- Concentra la seguridad y centraliza los accesos.
- Protección de información privada: define qué usuarios de la red y qué información va a obtener cada uno de ellos.
- Optimización de acceso: define de manera directa los protocolos a utilizar.

5. Limitaciones de un cortafuegos

☞ HILO CONDUCTOR

Frente a las ventajas siempre aparecen inconvenientes, y los *firewalls* no iban a ser menos. Sergio necesita conocer no solo las ventajas, sino también cuáles son los puntos negativos que debe tener en cuenta si quiere asumir una inversión de este calibre.

Aquí podemos ver las **desventajas** o aspectos que debilitan nuestra arquitectura de red cuando usamos un *firewall,* y aunque son pocas deben ser consideradas con cuidado y bien analizadas:

Un *firewall* no puede protegerse contra aquellos ataques que se efectúen fuera de su punto de operación, por ejemplo, si existe una conexión PPP *(POINT-TO-POINT)* a internet.

El *firewall* no puede prohibir que se copien datos corporativos en disquetes o memorias portátiles y que estos se substraigan del edificio.

El *firewall* de internet no puede contar con un sistema preciso de SCAN para cada tipo de virus que se pueda presentar en los archivos que pasan a través de él, pues el *firewall* no es un antivirus.

El firewall no puede ofrecer protección alguna una vez que el agresor lo traspasa.

No protege de ataques que no pasen a través del *firewall* ni de amenazas y ataques de usuarios negligentes.

No protege de ataques de ingeniería social.

No protege de la copia de datos importantes si se ha obtenido acceso a ellos.

6. Políticas de un cortafuegos

☞ HILO CONDUCTOR

Tras decantarse por el *firewall,* hace falta determinar qué política de aplicación es necesaria en la empresa. Sergio se dedica a la teleformación, por lo que sabe cuáles son los servicios específicos que utilizará y cuáles no debe permitir jamás en su arquitectura de red. Debe elegir entonces una política que se ajuste a estas características.

Cuando se configuran **las reglas de un *firewall,*** es decir, los criterios que se utilizan para determinar si un **paquete es válido o no,** se establece una política general que debe seguir todas las reglas del mismo. En concreto, existen dos tipos de políticas:

Política restrictiva	Política permisiva
- Con esta política, todo el tráfico es denegado por defecto. El *firewall* bloqueará todo el tráfico y permitirá solo aquello expresado por las reglas de filtrado, activando el paso para aquellos servicios que lo necesiten. Este tipo de políticas son comunes en empresas y organismos gubernamentales, aunque deberían serlo para todas aquellas organizaciones con alto riesgo de amenazas.	- En la política permisiva, todo el tráfico está permitido excepto los servicios que estén explícitamente definidos en las reglas de filtrado. Será necesario entonces aislar cada servicio que sea potencialmente peligroso del que tengamos dudas. Es una política que suele ser utilizada por universidades, centros de investigación, etc.

En resumen, el **bloqueo** de todo el tráfico **por defecto** suele ser la opción más segura, ya que se antoja muy difícil determinar cada servicio potencialmente en riesgo de amenaza, la lista podría ser enorme.

 **PARA SABER MÁS**

En este vídeo podrás ver cómo bloquear un servicio a través del *firewall* de *Windows:*

https://redirectoronline.com/ifcm004po0518

7. Resumen

El *firewall* es, quizá, el elemento más importante en la seguridad de la red. Se trata de un dispositivo diseñado para bloquear acciones que no estén permitidas en la red y monitorizar todo el tráfico en busca de ataques.

Arquitectura básica de un *firewall*

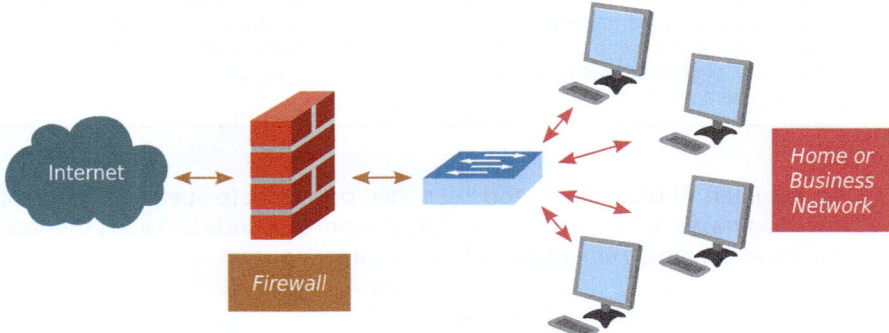

Su historia es muy breve, desde que apareció como un pequeño sistema de filtrado hasta su maduración apenas pasaron unos cuantos años. Sin embargo, hoy en día es difícil encontrar un *firewall* que no se base en su idea primigenia. A rasgos generales, podemos determinar que existen tres tipos de *firewalls:*

Todo tipo de tecnología tiene un uso que mejora ciertos aspectos del funcionamiento de un sistema, pero también posee aspectos que debilitan o perjudican dicho funcionamiento para otras funcionalidades. El uso de *firewall* dota de seguridad a la red, pero a costa de un tiempo de procesamiento que reduce el rendimiento total de la misma. Esta quizá sea la desventaja más importante, pero hay otras más:

Ventajas	Desventajas
- Administran los accesos provenientes de internet hacia la red privada. - Administran los accesos provenientes de la red privada hacia internet. - Permite al administrador de la red mantener fuera de la red privada a los usuarios no autorizados. - El *firewall* crea una bitácora en donde se registra el tráfico más significativo que pasa a través él. - Concentra la seguridad y centraliza los accesos. - Protección de información privada: define qué usuarios de la red y qué información va a obtener cada uno de ellos. - Optimización de acceso: define de manera directa los protocolos a utilizar.	- Un *firewall* no puede protegerse contra aquellos ataques que se efectúen fuera de su punto de operación, por ejemplo, si existe una conexión PPP *(POINT-TO-POINT)* internet. - El *firewall* no puede prohibir que se copien datos corporativos en disquetes o memorias portátiles y que estos se substraigan del edificio. - El *firewall* de internet no puede contar con un sistema preciso de SCAN para cada tipo de virus que se pueda presentar en los archivos que pasan a través de él, pues el *firewall* no es un antivirus. - El *firewall* no puede ofrecer protección alguna una vez que el agresor lo traspasa. - No protege de ataques que no pasen a través del *firewall* ni de amenazas y ataques de usuarios negligentes. - No protege de ataques de ingeniería social. - No protege de la copia de datos importantes si se ha obtenido acceso a ellos.

Ejercicios de autoevaluación
Unidad de Aprendizaje 5

1. El uso de un *firewall* en la red permite defender el perímetro...

    a. ... aislando un pequeño conjunto de servidores.
    b. ... creando una barrera que separa la parte pública y la parte privada de red.
    c. ... activando las llamadas remotas.
    d. ... reestructurando toda la arquitectura de la red.

2. El *firewall* de primera generación también se conoce como...

    a. ... *proxy firewall.*
    b. ... *firewall* de capa de aplicación.
    c. ... *firewall* de filtrado de paquetes.
    d. ... *stateful.*

3. El filtrado de paquetes *stateful* corresponde a la...

    a. ... tercera generación de *firewalls.*
    b. ... primera generación de *firewalls.*
    c. ... segunda generación de *firewalls.*
    d. ... fase de *firewall* de última generación.

4. Una de las características más avanzadas de los *firewalls* de última generación es:

    a. Bloqueo de puertos remotos.
    b. Conexión remota y local.
    c. Control funcional de aplicaciones y gestión del tráfico desconocido.
    d. Acceso a servidores vía web.

5. El tipo de *firewall* basado en aplicación de pasarela permite:

    a. Redirigir el tráfico hasta el origen.
    b. Realizar modificaciones sobre el protocolo del servicio.

c. Realizar filtros sobre el protocolo del servicio.

d. Reorganizar los paquetes que llegan desde diferentes rutas.

6. Indica si las siguientes afirmaciones son verdaderas o falsas:

a. El tipo de *firewall* de circuito a nivel de pasarela monitoriza las sesiones TCP/IP analizando el protocolo.

- Verdadero
- Falso

b. El tipo de *firewall* de circuito a nivel de pasarela no analiza paquete a paquete.

- Verdadero
- Falso

c. El tipo de *firewall* de filtrado de paquetes es el más avanzado que existe.

- Verdadero
- Falso

d. Los *firewalls* de última generación no se basan en ninguno de los tipos de *firewalls* de generaciones anteriores.

- Verdadero
- Falso

7. El tipo de *firewall* de aplicación permite:

a. Filtrar los paquetes que no cumplan las condiciones de autenticidad.

b. Filtrar los paquetes en función del momento en el que lleguen.

c. Filtrar los paquetes en función de la semántica del protocolo que usan.

d. Solo aplicar políticas restrictivas sobre los paquetes.

8. Indica si las siguientes afirmaciones son verdaderas o falsas:

a. El *firewall* personal no es un *software.*

■ Verdadero
■ Falso

b. El *firewall* personal permite filtrar las comunicaciones que ocurren entre el ordenador donde se instala y el resto de la red.

■ Verdadero
■ Falso

c. Desde la página de *Broadcom* podemos descargar un *firewall* personal para pruebas.

■ Verdadero
■ Falso

9. ¿Cuál de estas afirmaciones es una ventaja del uso de un *firewall*?

a. No protege de ataques de ingeniería social.
b. No protege de ataques que no pasen a través del *firewall* ni de amenazas y ataques de usuarios negligentes.
c. El *firewall* no puede prohibir que se copien datos corporativos en disquetes o memorias portátiles y que estas se substraigan del edificio.
d. Administran los accesos provenientes de la red privada hacia internet.

10. ¿Cuál de estas afirmaciones es una limitación del uso de un *firewall*?

a. Protección de información privada: define qué usuarios de la red y qué información va a obtener cada uno de ellos.
b. Permite al administrador de la red mantener fuera de la red privada a los usuarios no autorizados.
c. Concentra la seguridad en los accesos.
d. Protección de información privada: define qué usuarios de la red y qué información va a obtener cada uno de ellos.

Glosario

Accesibilidad
Es un protocolo de IPSec que se encarga de la autenticación del emisor y la integridad del mensaje.

Ajax
Acrónimo de *Asynchronous JavaScript And XML,* es una técnica de desarrollo web para crear aplicaciones interactivas o RIA *(Rich Internet Applications)* con la cual se pueden realizar cambios en las páginas web sin necesidad de volver a recargarlas.

ASP
Acrónimo de *Active Server Pages,* es una tecnología de *Microsoft* del tipo "lado del servidor" que permite el desarrollo de páginas web generadas dinámicamente.

Autenticación
Procedimiento informático que permite asegurar que un usuario de un sitio web u otro servicio similar es auténtico o quien dice ser.

Azure
Es la plataforma de computación en nube pública de *Microsoft,* y proporciona una gama de servicios, incluidos los de computación, análisis, almacenamiento y redes.

Back-end
Es la parte del *software* que procesa la entrada desde el *front-end.*

Caché
Es un componente de *hardware* o *software* que almacena datos para que las solicitudes futuras de esos datos se puedan atender con mayor rapidez.

Cliente
Es un equipo informático que actúa como sistema que solicita un servicio en la red, generalmente el servicio es proporcionado por un servidor.

Computación *Cloud*
Es un término general para denominar cualquier cosa que tenga que ver con la provisión de servicios de hospedaje a través de internet.

Confidenciabilidad
Es la propiedad de la información, por la que se garantiza que está accesible únicamente a personal autorizado a acceder a dicha información.

CPU *Throttling*
También conocido como reloj dinámico o escala de frecuencia dinámica. Consiste en realizar pequeñas cargas de CPU ejecutando a una velocidad menor para evitar un alto consumo de energía.

Dirección IP
Es un número que identifica, de manera lógica y jerárquica, a una interfaz en red en un dispositivo (computadora, tableta, portátil, *smartphone)* que utilice el protocolo IP o *(Internet Protocol),* que corresponde al nivel de red del modelo TCP/IP.

Directorio virtual
Un directorio virtual es un directorio del servidor que no está dentro del directorio de publicación habitual, es decir, un directorio que no depende de la carpeta *wwwroot* pero que sí que se puede acceder a través del servidor web como si estuviera dentro de dicho directorio.

Disponibilidad
Es la característica, cualidad o condición de la información de encontrarse a disposición de quienes deben acceder a ella, ya sean personas, procesos o aplicaciones. *Grosso modo,* la disponibilidad es el acceso a la información y a los sistemas por personas autorizadas en el momento que así lo requieran.

DMZ
Acrónimo de *demilitarized zone, también conocida como* **red perimetral,** es una zona insegura que se ubica entre la red interna de una organización y una red externa, generalmente internet.

DNS
Acrónimo de *Domain Name System,* es un sistema de nomenclatura jerárquico descentralizado para dispositivos conectados a redes IP como internet o

una red privada. Permite identificar una dirección IP en la red a partir de un nombre (dirección de página web).

EAC
Acrónimo de *Exchange Admin Center,* es la consola de administración basada en web que proporciona *Microsoft Exchange* en algunas de sus versiones.

Escalabilidad
En *software,* se refiere a la capacidad de un sistema para crecer o ampliar su disponibilidad.

Firewall
Es un elemento que puede encontrarse en forma de *software* o de *hardware,* y que se ubica en un lugar de la red con el objetivo de controlar y filtrar todas las comunicaciones que atraviesan los dos puntos que separa.

Framework
También denominado entorno de trabajo o marco de trabajo, es un conjunto de conceptos y/o técnicas que se ponen a disposición para resolver un conjunto de problemas comunes.

Front-end
Es la parte del *software* que interactúa con los usuarios.

HTTP
Acrónimo de *Hypertext Transfer Protocol,* es el protocolo de comunicación que permite las transferencias de información en la *World Wide Web.*

Hyper-V
Es una tecnología introducida por *Microsoft* para sus *Windows Server* que permite la virtualización de sistemas.

IIS
Acrónimo de *Internet Information Services,* es un servidor web y un conjunto de servicios desarrollado por *Microsoft.*

Interfaz de red
Es el *software* de red que se comunica con el controlador de dispositivo de red y la capa IP a fin de proporcionar a dicha capa una interfaz coherente con todos los adaptadores de red que puedan estar presentes.

IPv6

Acrónimo de *Internet Protocol version 6,* es una versión del *Internet Protocol* (IP), definida en el RFC 2460 y diseñada para reemplazar a *Internet Protocol version 4* (IPv4) RFC 791, que a 2016 se está implementando en la gran mayoría de dispositivos que acceden a internet.

Licencia CAL

Del inglés, *Client Access Licence,* es la licencia que algunos fabricantes de *software* dan a programas que son instalados en un servidor, para que se acceda a ellos desde máquinas cliente.

Link building

Es uno de los fundamentos del posicionamiento web o SEO, que busca aumentar la autoridad de una página el máximo posible mediante la generación de *links* hacia la misma.

Mailbox

Es el contenedor lógico que representa un buzón o ubicación de almacenamiento para el correo electrónico.

Nano Server

Es una versión de *Windows Server* simplificada con los servicios suficientes y necesarios para la computación, almacenamiento y *clustering.*

NAT

También llamado enmascaramiento de IP o NAT (del inglés *Network Address Translation),* es un mecanismo utilizado por *routers* IP para intercambiar paquetes entre dos redes que asignan mutuamente direcciones incompatibles.

OSI

Acrónimo de *Open System Interconnection,* es un modelo de referencia para los protocolos de la red de arquitectura en capas, creado en el año 1980 por la Organización Internacional de Normalización (ISO).

OWA

Acrónimo de *Outlook Web App,* es la interfaz de usuario de *Outlook* en la web.

Página dinámica

Una página web dinámica es una página web que permite su alteración mediante la interacción de un sistema o usuario, de forma que la información obtenida por esta página web puede cambiar.

Página estática

Una página web estática es una página web cuya información no puede ser alterada por la interacción del usuario. Para modificar su contenido debe existir un administrador o desarrollador que modifique su aspecto utilizando principios de diseño web.

Paquete de comunicación

"Paquete de red" o paquete de datos es cada uno de los bloques en que se divide la información para enviar, en el nivel de red.

Política de seguridad

Es un conjunto de instrucciones que son elaboradas con el fin de determinar una forma de actuar para prevenir posibles situaciones donde se produzca un aumento del riesgo informático.

Proxy

Es un agente o sustituto autorizado para actuar en nombre de otra persona (máquina o entidad).

Publicación web

Proceso para hacer que la aplicación esté disponible externamente.

Puerto

Es un número que puede llegar a representar de forma lógica un punto de acceso o comunicación a un sistema o *software*.

Red interna

Es el conjunto de dispositivos conectados que forman una red privada para compartir servicios dentro de una organización.

Servidor

Es un equipo informático dedicado a realizar tareas de administración o prestar servicios a los demás dispositivos conectados a la red.

Squid

Es un *software* que permite configurarse para funcionar como un servidor *proxy* con caché. Es una de las aplicaciones más populares y de referencia para esta función, y es *software* libre publicado bajo licencia GPL.

SSL

Acrónimo de *Secure Sockets Layer* (capa de *sockets* seguros), es un protocolo de seguridad de uso común que establece un canal seguro entre dos ordenadores conectados a través de internet o de una red interna.

Stateful

Es un concepto que tiene que ver con un tipo de *firewall* donde el filtrado de paquetes tiene en cuenta el estado de las conexiones de red involucradas en las comunicaciones.

TCP *(Transmission Control Protocol)*

Es uno de los protocolos fundamentales del modelo de comunicaciones actual para internet.

TCP/IP

Es el conjunto de protocolos que se disponen en capas para las comunicaciones en internet.

UTM

Acrónimo de *Unified Threat Management* o gestión unificada de amenazas, es un término que se refiere a un dispositivo de red que proporciona como funcionalidad básica servicios de antivirus, *firewall* y sistema de detección/prevención de intrusos.

Virtualización

Es el proceso por el cual se puede crear a través de *software* de una versión virtual de algún recurso tecnológico, como puede ser una plataforma de *hardware,* un sistema operativo, un dispositivo de almacenamiento u otros recursos de red.

VPN

Virtual Private Network es un mecanismo para definir redes privadas a nivel lógico sobre redes públicas (infraestructura), de tal forma que los paquetes de comunicación viajan por la red pública encapsulados y cifrados para llegar a los equipos remotos que forman la red privada. Con esto se consigue que los dispositivos que pertenecen a una red privada envíen y reciban datos sobre redes compartidas o públicas simulando una red LAN.

WebSockets

Es una tecnología que proporciona un canal de comunicación bidireccional y *full-dúplex* sobre un único *socket* TCP. Está diseñada para ser implementada en navegadores y servidores web, pero puede utilizarse por cualquier aplicación cliente/servidor.

Windows Server

Es un sistema operativo desarrollado por *Microsoft* destinado a proporcionar servicios para el despliegue de un servidor multipropósito.

Bibliografía

Monografías

→ CARBALLAR Falcón, J. A.: *Firewall. La seguridad de la banda ancha.* Madrid: Ra-Ma, 2006.

  El objetivo de este libro es, precisamente, explicar el funcionamiento del firewall para que sus usuarios puedan gestionar su seguridad de una forma cómoda y con confianza.

→ RAMOS Varón, A. A. *[et al.]: Seguridad perimetral, monitorización y ataques en redes. Mundo hacker.* Madrid: Ra-Ma, 2014.

  Con la lectura de este libro se pretende introducir al lector en el mundo de la seguridad y el *hacking,* centrándose en la seguridad de las redes y de los datos que circulan por ellas. En él se explica al detalle cómo asegurar e interceptar las comunicaciones desde el punto de vista del atacante y de la víctima.

→ STALLINGS, W.: *Fundamentos de seguridad en redes.* 2.ª Edición. Madrid: Pearson, 2004.

  En esta era de la conectividad electrónica universal, de virus y *hackers,* de escuchas y fraudes electrónicos, no hay un momento en el que no importe la seguridad.

Textos electrónicos, bases de datos y programas informáticos

→ *Guía de funcionamiento de Microsoft Exchange Server,* de: https://documentation.arcserve.com/Arcserve-RHA/Available/18.0/ESP/Bookshelf_Files/PDF/XO_ADMIN_W_ESN.pdf>.

  PDF donde se describen las características de funcionamiento de la herramienta *Exchange Server de Microsoft.*

→ *Guía de funcionamiento de Internet Information Server,* de: <https://documentation.arcserve.com/Arcserve-RHA/Available/R16/ESP/Bookshelf_Files/PDF/XO_MS_IIS_W_ESN.pdf>.

> PDF donde se describen las características de funcionamiento de la herramienta *Internet Information Server de Microsoft.*

→ *Microsoft Docs.* Disponible en: <https://docs.microsoft.com/es-es>.

> Página web que proporciona documentación oficial sobre los productos de *Microsoft: Windows Server, Exchange Server e Internet Information Server.*

→ *Microsoft, guía definitiva de Windows Server 2016.* Disponible en: <https://info.microsoft.com/rs/157-GQE-382/images/ES-ES-CNTNT-eBook-HybridCloud-WindowsServerUltimateGuide_HR-es-es.PDF>.

> PDF donde se describen las características de funcionamiento de la herramienta *Windows Server 2016 de Microsoft.*

→ *Microsoft, guía definitiva para Windows Server 2019,* de: *<https://info.microsoft.com/ww-landing-ultimate-guide-to-windows-server-2019.html>.*

> PDF donde se describen las características de funcionamiento de la herramienta Windows Server 2019 de Microsoft.

→ *Windows Server 2022. Guía Completa en Castellano,* de: *<https://www.palentino.es/pdfs/Windows-Server-2022-Libro-Castellano-by-palentino.pdf>.*

> Guía completa en la que se explica de forma detallada el funcionamiento y las opciones de configuración de Windows Server 2022 y que puede extrapolarse a otras versiones anteriores.

→ *Microsoft, introducción a Windows Server* en:<https://learn.microsoft.com/es-es/windows-server/get-started/get-started-with-windows-server>.

> Colección de artículos contiene información detallada que le ayudará a comprender y sacar el máximo partido de *Windows Server* y a determinar si está listo para pasar a la versión más reciente.